财务报表

快学快用实操笔记

韩坤珏◎著

电子工业出版社.
Publishing House of Electronics Industry
北京·BEIJING

内 容 简 介

本书不仅由浅入深、由易到难地对财务报表的相关知识点进行了系统的编排，而且通过在每节最后设置"实操笔记"板块的方式来帮助读者梳理和回顾每节的知识点。笔者撰写本书的核心目的有两个：一是帮助初入职场的财务人员学会编制财务报表，正确反映企业的相关财务信息；二是帮助财务报表使用者看懂财务报表，掌握财务报表分析的基本方法，并通过分析结果了解企业的经营状况。

此外，本书以新版财务报表为基础，详细地介绍了财务报表在编制方面的新思路和分析方面的新方法，无论是对财务报表知识感兴趣的读者，还是企业的财务人员、管理者、投资者、债权人、客户、供应商等财务报表的编制者或使用者，都能从本书中有所收获。

图书在版编目（CIP）数据

财务报表：快学快用实操笔记 / 韩坤珏著. —北京：电子工业出版社，2021.1
ISBN 978-7-121-39909-1

Ⅰ．①财⋯ Ⅱ．①韩⋯ Ⅲ．①会计报表 Ⅳ．①F231.5

中国版本图书馆CIP数据核字（2020）第217736号

责任编辑：王陶然
印　　刷：三河市鑫金马印装有限公司
装　　订：三河市鑫金马印装有限公司
出版发行：电子工业出版社
　　　　　北京市海淀区万寿路173信箱　邮编　100036
开　　本：720×1000　1/16　印张：14.5　字数：237千字
版　　次：2021年1月第1版
印　　次：2021年1月第1次印刷
定　　价：55.00元

凡所购买电子工业出版社图书有缺损问题，请向购买书店调换。若书店售缺，请与本社发行部联系，联系及邮购电话：(010) 88254888，88258888。

质量投诉请发邮件至 zlts@phei.com.cn，盗版侵权举报请发邮件至 dbqq@phei.com.cn。

本书咨询联系方式：(010) 57565890，meidipub@phei.com.cn。

财务与我们每个人的生活息息相关。无论你是经营公司的，还是开小店的，抑或是需要进行个人理财的普通上班族，都需要一定的财务知识。因此，了解财务知识、看懂财务报表已经成为当今社会每个人都应该具备的技能。

财务报表是反映企业财务状况和经营业绩的总结性资料，是企业重要财务数据的集合。财务报表所反映的信息可以帮助企业管理者提高自己的决策水平和管理水平；可以帮助投资者判断企业经营状况的好坏；可以帮助债权人了解自己的权益能否得到保障；可以帮助供应商或客户调整自己与企业的合作策略。

财务报表对企业来说至关重要，所以，正确地编制和填列财务报表是每个财务人员的工作职责和必备技能，准确地分析财务报表是企业管理者、投资者、债权人、客户、供应商等各类人员都应该具备的能力。

编制财务报表是系统的、复杂的工作，财务人员要想做好这样的工作，就必须具备相关的基础知识和技能。作为一本具备财务报表基础知识和实用技巧的可靠指南，本书可以帮助初入职场的财务人员快速学会如何编制财务报表。

分析财务报表需要具备相应专业知识的人来进行，因为只有他们才可以从财务报表所展现的数字和指标中分析出企业经营和发展中的大事小情。而且，分析能力越强的人，从财务报表中分析出的信息就越丰富，他甚至能够从中洞察到企业一系列经济活动背后的动机，并对企业未来的发展趋势做出较为准确的预测。对于初学者来说，掌握分析财务报表的能力是有一定难度的，但是，本书以深入浅出的方式向读者介绍了财务报表分析的基本方法和技巧，力求让财务新手也能看懂财务报表。

本书包含两部分，共分为 11 章。其中，第 1 章至第 6 章为第一部分，这一部分主要介绍财务报表的理论知识；第 7 章至第 11 章为第二部分，这一部分主要介绍财务报表分析。

　　笔者撰写本书的核心目的有两个：一是帮助初入职场的财务人员学会编制财务报表，正确反映企业的相关财务信息；二是帮助财务报表使用者看懂财务报表，掌握财务报表分析的基本方法，并通过分析结果了解企业的经营状况。

　　本书的内容系统而全面，涵盖了财务人员必须掌握的、与财务报表相关的基本知识点。书中的知识点虽多，但并不杂乱。笔者由浅入深、由易到难地对各个知识点进行了系统的编排，即使是初学者在阅读本书时也不会感到十分吃力。

　　编制和分析财务报表都是实操性非常强的工作，所以本书将"实操"作为第一要务。笔者在撰写本书的过程中，不仅运用了大量图表，还结合了在实际工作中遇到的问题，以帮助读者快速理解、掌握和运用书中的知识和方法。另外，本书还通过在每节的最后设置"实操笔记"板块的方式来帮助读者梳理和回顾每节的知识点。最重要的是，本书以新版财务报表为基础，详细地介绍了财务报表在编制方面的新思路和分析方面的新方法。此处所说的"新版财务报表"，其格式参照的是财政部于 2019 年 4 月发布的《关于修订印发 2019 年度一般企业财务报表格式的通知》（财会〔2019〕6 号）中的财务报表的格式标准。

　　经济环境的发展和变化，推动着财务工作的改革——从"手工记账"到"会计电算化"、从"会计制度时代"到"会计准则时代"，可以说，财务工作发生了翻天覆地的变化，因此，财务报表的编制思路和分析方法也应该做到与时俱进，这就需要财务人员不断地学习新知识、新技能。笔者相信，无论是对财务报表知识感兴趣的读者，还是企业的财务人员、管理者、投资者、债权人、客户、供应商等财务报表的编制者或使用者，都能从本书中有所收获。当然，财务报表的编制思路和分析方法多种多样，本书中所涉及的只是笔者个人想法，难免会有不完善的地方，十分欢迎广大读者提出宝贵的意见和建议！

目录

第二部分 财务报表分析

**第 11 章 应用：透过财务报表看
　　　　　企业，学习经营之道**

第一部分

财务报表的理论知识

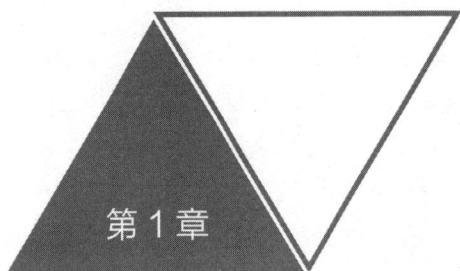

第 1 章

揭开财务报表的神秘面纱

财务报表是衡量企业经营状况的"晴雨表",它可以反映企业的财务状况和经营结果,所以,它既是企业进行管理和决策时的重要依据,也是企业之间进行商业沟通时的通用语言。一套完整的财务报表是由资产负债表、利润表、现金流量表、所有者权益变动表和财务报表附注组成的,它们各有不同的作用,同时,协力促使财务报表对企业经营活动产生重要的作用。为了保证财务报表的准确性和真实性,财务人员在编制财务报表时应严格遵循相关原则。

♻ 1.1　认识财务报表

小王和他的兄弟姐妹都已各自成家,平时很难聚在一起。有一年恰逢中秋节,小王的母亲拿出 1 000 元来让小王筹备一次家宴,她希望通过这次家宴来让大家团聚。为了筹备好这次家宴,小王必须考虑几个问题:"这次家宴预计要花多少钱? 这些钱要花在哪些地方? 钱不够怎么办? ……" 如果小王将这些问题及其答案汇总起来, 就可以得到一套简单的财务报表。

很多人把财务报表称作衡量企业经营状况的"晴雨表",为什么这么说呢? 因为"晴雨表"是用来预测短期天气变化的工具,通过"晴雨表",我们可以决定自己在某一时间穿什么衣服、是否带雨伞、是否远行等;而财务报表有类似的作用:财务报表能清晰地反映出企业一定时期的资本结构和财务状况,通过它,我们可以了解企业的现金流量是否充裕、经营活动是否有效、资产结构是否合理等,并据此制定下一步的经营管理策略。

虽然编制财务报表是财务人员必须掌握的工作技能,但对于财务新手来说, 想要编制出一套准确无误、符合财务制度且能让企业管理者一目了然的财务报表, 还是有些困难的。所谓"欲要懂其果,必先知其因",也就是说,不管是财务人员希望编制好财务报表,还是企业管理者希望看懂财务报表,他们都要先弄清什么是财务报表。

1.1.1　什么是财务报表

财务报表是反映企业或预算单位一定时期资金、利润状况的总结性文件, 是对企业财务状况、经营成果和现金流量的结构性表述。一套完整的财务报表至少应包括以下五个部分:

　　　　✓ 资产负债表;

　　　　✓ 利润表;

　　　　✓ 现金流量表;

✓ 所有者权益变动表；

✓ 财务报表附注。

1. 资产负债表

让我们回到本节开头的故事。小王在筹备家宴时怕钱不够，于是向小李借了 500 元（负债），这时，加上他自己手上原有的 1 000 元（所有者权益），小王一共有 1 500 元（资产）。如果小王将这些资金状况汇总起来，就可以得到一张资产负债表。

资产负债表是反映企业会计期末（如月末、季末、年末）的全部资产、负债、所有者权益状况的财务报表。资产负债表样表如表 1-1 所示。

表 1-1 资产负债表样表

会企 01 表

编制单位：　　　　　　　　　　年　月　日　　　　　　　　　　单位：元

资产	期末余额	上年年末余额	负债和所有者权益（或股东权益）	期末余额	上年年末余额
流动资产：			流动负债：		
货币资金			短期借款		
交易性金融资产			交易性金融负债		
衍生金融资产			衍生金融负债		
应收票据			应付票据		
应收账款			应付账款		
应收款项融资			预收款项		
预付款项			合同负债		
其他应收款			应付职工薪酬		
存货			应交税费		
合同资产			其他应付款		
持有待售资产			持有待售负债		
一年内到期的非流动资产			一年内到期的非流动负债		
其他流动资产			其他流动负债		
流动资产合计			流动负债合计		
非流动资产：			**非流动负债：**		

续表

资产	期末余额	上年年末余额	负债和所有者权益（或股东权益）	期末余额	上年年末余额
债权投资			长期借款		
其他债权投资			应付债券		
长期应收款			其中：优先股		
长期股权投资			永续债		
其他权益工具投资			租赁负债		
其他非流动金融资产			长期应付款		
投资性房地产			预计负债		
固定资产			递延收益		
在建工程			递延所得税负债		
生产性生物资产			其他非流动负债		
油气资产			非流动负债合计		
使用权资产			负债合计		
无形资产			**所有者权益（或股东权益）：**		
开发支出			实收资本（或股本）		
商誉			其他权益工具		
长期待摊费用			其中：优先股		
递延所得税资产			永续债		
其他非流动资产			资本公积		
非流动资产合计			减：库存股		
			其他综合收益		
			专项储备		
			盈余公积		
			未分配利润		
			所有者权益（或股东权益）合计		
资产总计			负债和所有者权益（或股东权益）总计		

通过一张资产负债表，我们可以了解下面三个方面的信息。

第一，企业在某一特定时期所拥有的资产总额及其结构，比如企业的固定资产有多少、流动资产有多少、长期投资有多少、无形资产有多少等。

第二，企业在某一特定时期的负债总额及其结构、债务偿还对象、债务偿还时间，比如企业欠了谁的钱、欠了多少钱、应该什么时候还等。

第三，在某一特定时期企业所有者权益的构成情况，我们可据此判断企业投资者所投入资本的保值、增值情况和其对负债的保障程度。

财报小课堂

> 资产负债表是对企业进行财务分析时所要用到的基本资料，比如，将资产负债表中的流动资产和流动负债进行比较，就可以计算出流动比率。流动比率是评价企业短期偿债能力的重要指标，流动比率越低，说明企业的短期偿债能力越弱。

2. 利润表

小王的家宴终于顺利地办了起来。为了更好地招待前来赴宴的家人，小王不仅买了许多菜，还请了厨师、租了桌椅。家宴结束后，大家都很满意，母亲看小王十分辛苦，又补贴给他 500 元。事后，小王在算账时，发现除去买菜钱、厨师的工钱、桌椅的租金等费用和应还给小李的 500 元，还剩余 150 元。如果小王将从母亲那里获得的补贴、筹办家宴的费用及剩余的资金汇总起来，就可以得到一张利润表。

利润表是反映企业在一定会计期间[1]经营成果的财务报表，它可以反映出企业经营业绩的主要来源及其构成。利润表可以帮助我们判断企业净利润的质量和风险，并预测其持续性，以便做出更加科学的经营决策。利润表样表如表 1-2 所示。

---

[1] 会计期间：在会计工作中，为核算经营活动或预算执行情况所规定的起讫期间。最常见的会计期间是会计年度，根据《中华人民共和国会计法》的规定，会计年度一般应从公历 1 月 1 日起至 12 月 31 日止。除了会计年度，我国的会计期间还有月度、季度、半年度。小于一个完整会计年度的报告期间为会计中期。

表 1-2　利润表样表

会企 02 表

编制单位：　　　　　　　　　　　年　月　　　　　　　　　　　单位：元

项目	本期金额	上期金额
一、营业收入		
减：营业成本		
税金及附加		
销售费用		
管理费用		
研发费用		
财务费用		
其中：利息费用		
利息收入		
加：其他收益		
投资收益（损失以"－"号填列）		
其中：对联营企业和合营企业的投资收益		
以摊余成本计量的金融资产终止确认收益		
净敞口套期收益（损失以"－"号填列）		
公允价值变动收益（损失以"－"号填列）		
信用减值损失（损失以"－"号填列）		
资产减值损失（损失以"－"号填列）		
资产处置收益（损失以"－"号填列）		
二、营业利润（亏损以"－"号填列）		
加：营业外收入		
减：营业外支出		
三、利润总额（亏损总额以"－"号填列）		
减：所得税费用		
四、净利润（净亏损以"－"号填列）		
（一）持续经营净利润（净亏损以"－"号填列）		
（二）终止经营净利润（净亏损以"－"号填列）		
五、其他综合收益的税后净额		
（一）不能重分类进损益的其他综合收益		

续表

项目	本期金额	上期金额
1. 重新计量设定受益计划变动额		
2. 权益法下不能转损益的其他综合收益		
3. 其他权益工具投资公允价值变动		
4. 企业自身信用风险公允价值变动		
……		
（二）将重分类进损益的其他综合收益		
1. 权益法下可转损益的其他综合收益		
2. 其他债权投资公允价值变动		
3. 金融资产重分类计入其他综合收益的金额		
4. 其他债权投资信用减值准备		
5. 现金流量套期储备		
6. 外币财务报表折算差额		
……		
六、综合收益总额		
七、每股收益		
（一）基本每股收益		
（二）稀释每股收益		

通过利润表，我们可以了解企业一定会计期间的收入情况，如营业收入、投资收入、营业外收入等；也可以了解企业一定会计期间的耗费情况，如营业成本、管理费用、财务费用、营业外支出等。最重要的是，利润表可以反映企业在一定会计期间内所获得的净利润数额或净亏损数额，我们可以据此衡量企业的投入产出比。

**财报
小课堂**

如果我们将利润表与资产负债表结合起来看，就能对企业进行更加全面的财务分析。比如，将净利润与总资产进行比较，就可以得出资产报酬率，而资产报酬率可以反映企业的盈利能力。

3. 现金流量表

送走赴宴的家人后，小王开始收拾和清理厨房。在收拾厨房时，他发现还剩一条活鱼。那么，该怎样处理这条鱼呢？小王有两个选择：一是将这条鱼退还给商家，他可以借此获得一笔退款；二是花钱再买一块豆腐，将这条鱼做成母亲最爱喝的鱼汤。小王的不同选择，会导致不同的现金流向，将这些不同的现金流向汇总起来，就可以得到一张现金流量表。

现金流量表是反映企业一定会计期间的现金及现金等价物流入和流出的财务报表，它可以帮助我们评价企业的现金支付能力和现金周转能力，为相关的经营决策提供依据。现金流量表样表如表 1-3 所示。

表 1-3   现金流量表样表

会企 03 表

编制单位：　　　　　　　　　　年　月　　　　　　　　　　单位：元

项目	本期金额	上期金额
一、经营活动产生的现金流量：		
销售商品、提供劳务收到的现金		
收到的税费返还		
收到其他与经营活动有关的现金		
经营活动现金流入小计		
购买商品、接受劳务支付的现金		
支付给职工以及为职工支付的现金		
支付的各项税费		
支付其他与经营活动有关的现金		
经营活动现金流出小计		
经营活动产生的现金流量净额		
二、投资活动产生的现金流量		
收回投资收到的现金		
取得投资收益收到的现金		
处置固定资产、无形资产和其他长期资产收回的现金净额		
处置子公司及其他营业单位收到的现金净额		
收到其他与投资活动有关的现金		
投资活动现金流入小计		

项目	本期金额	上期金额
购建固定资产、无形资产和其他长期资产支付的现金		
投资支付的现金		
取得子公司及其他营业单位支付的现金净额		
支付其他与投资活动有关的现金		
投资活动现金流出小计		
投资活动产生的现金流量净额		
三、筹资活动产生的现金流量		
吸收投资收到的现金		
取得借款收到的现金		
收到其他与筹资活动有关的现金		
筹资活动现金流入小计		
偿还债务支付的现金		
分配股利、利润或偿付利息支付的现金		
支付其他与筹资活动有关的现金		
筹资活动现金流出小计		
筹资活动产生的现金流量净额		
四、汇率变动对现金及现金等价物的影响		
五、现金及现金等价物净增加额		
加：期初现金及现金等价物余额		
六、期末现金及现金等价物余额		

通过现金流量表，我们可以了解一定会计期间的企业不同经济活动的现金流量净额、现金的来源和去向及企业的经济活动是否有效，并据此判断企业的经营效率。

4.所有者权益变动表

小王的家人对这次家宴非常满意，于是第二年，小王和母亲共同出资又举办了一次中秋家宴。在第二次中秋家宴中，小王和母亲的出资比例是5：5，且两人约定，到时收到的礼物也将由两人平分。相比上次家宴，小王与母亲的出资情况和收益分配方式都发生了变动，如果将小王注资前后的权益变动情况汇总起来，就可以得到一张所有者权益变动表。

所有者权益变动表是反映在某一特定时期企业所有者权益（或股东权益）的构成及其增减变动情况的财务报表。它解释了在某一特定时期内，所有者权益（或股东权益）如何因企业经营的盈亏和现金股利的发放而发生变化，是说明管理阶层是否公平对待股东的最重要的参考信息。所有者权益变动表样表如表 1-4 所示。

表 1-4　所有者权益变动表样表

会企 04 表

编制单位：　　　　　　　　　　　年度　　　　　　　　　　单位：元

项目	本年金额										上年金额									
	实收资本（或股本）	其他权益工具			资本公积	减：库存股	其他综合收益	专项储备	盈余公积	未分配利润	所有者权益合计	实收资本（或股本）	其他权益工具			资本公积	减：库存股	其他综合收益	专项储备	盈余公积	未分配利润	所有者权益合计
		优先股	永续债	其他									优先股	永续债	其他							
一、上年年末余额																						
加：会计政策变更																						
前期差错更正																						
其他																						
二、本年年初余额																						
三、本年增减变动金额（减少以"-"号填列）																						
（一）综合收益总额																						
（二）所有者投入和减少资本																						
1. 所有者投入的普通股																						
2. 其他权益工具持有者投入资本																						
3. 股份支付计入所有者权益的金额																						
4. 其他																						

项目	本年金额											上年金额										
	实收资本（或股本）	其他权益工具			资本公积	减：库存股	其他综合收益	专项储备	盈余公积	未分配利润	所有者权益合计	实收资本（或股本）	其他权益工具			资本公积	减：库存股	其他综合收益	专项储备	盈余公积	未分配利润	所有者权益合计
		优先股	永续债	其他									优先股	永续债	其他							
（三）利润分配																						
1. 提取盈余公积																						
2. 对所有者（或股东）的分配																						
3. 其他																						
（四）所有者权益内部结转																						
1. 资本公积转增资本（或股本）																						
2. 盈余公积转增资本（或股本）																						
3. 盈余公积弥补亏损																						
4. 设定受益计划变动额结转留存收益																						
5. 其他综合收益结转留存收益																						
6. 其他																						
四、本年年末余额																						

　　所有者权益变动表的主要作用有三个：一是揭示企业的当期损益，并将其直接计入所有者权益的利得和损失；二是帮助我们了解所有者权益各组成部分的增减变动和结构性变动情况；三是揭示企业对留存收益和公积金的使用情况。

5. 财务报表附注

　　在小王筹办第二次家宴的过程中，还有一些事项需要解释和补充说明，比如，举办家宴的场地、物价的变化、家宴成本的计算方式等。小王把这些需要解释和补充说明的事项写下来，就可以得到一份财务报表附注。

财务报表附注是对资产负债表、利润表、现金流量表和所有者权益变动表的解释和补充说明，它可以帮助财务报表使用者深入理解财务报表的内容。一般企业的财务报表附注主要包括以下十项内容：

- ✓ 企业的基本情况；
- ✓ 财务报表的编制基础；
- ✓ 遵循企业会计准则的声明；
- ✓ 重要会计政策的说明，如财务报表项目的计量基础、会计政策的确定依据等；
- ✓ 重要会计估计的说明，如可能导致下一会计期间内资产、负债账面价值重大调整的会计估计的确定依据等；
- ✓ 会计政策和会计估计变更及差错更正的说明；
- ✓ 重要报表项目的说明；
- ✓ 或有和承诺事项；
- ✓ 资产负债表日后非调整事项；
- ✓ 关联方关系及其交易。

财务报表附注中包含的内容十分丰富，它的主要作用有三个：一是披露会计政策、会计估计等，提高财务报表信息的可比性[1]；二是提供重要报表项目的说明，突出了财务报表中的重要信息，以引起财务报表使用者的关注；三是披露资产负债表日后事项等无法在财务报表中列示的内容，让财务报表中的信息更加易于理解。

以上就是财务报表的定义和构成，只有了解和掌握了这些内容，财务人员才能编制好财务报表。

1.1.2　财务报表的分类

俗话说："千人千面，百人百性。"其实，不仅人是多种多样的，财务报

---

[1]《企业会计制度》总则第十一条第 (五) 项规定："企业的会计核算应当按照规定的会计处理方法进行，会计指标应当口径一致，相互可比。"

表也是如此。按服务对象、编报单位、会计信息的重要性、会计主体、编制和报送时间的不同，财务报表的种类也各不相同。财务报表的分类如图 1-1 所示。

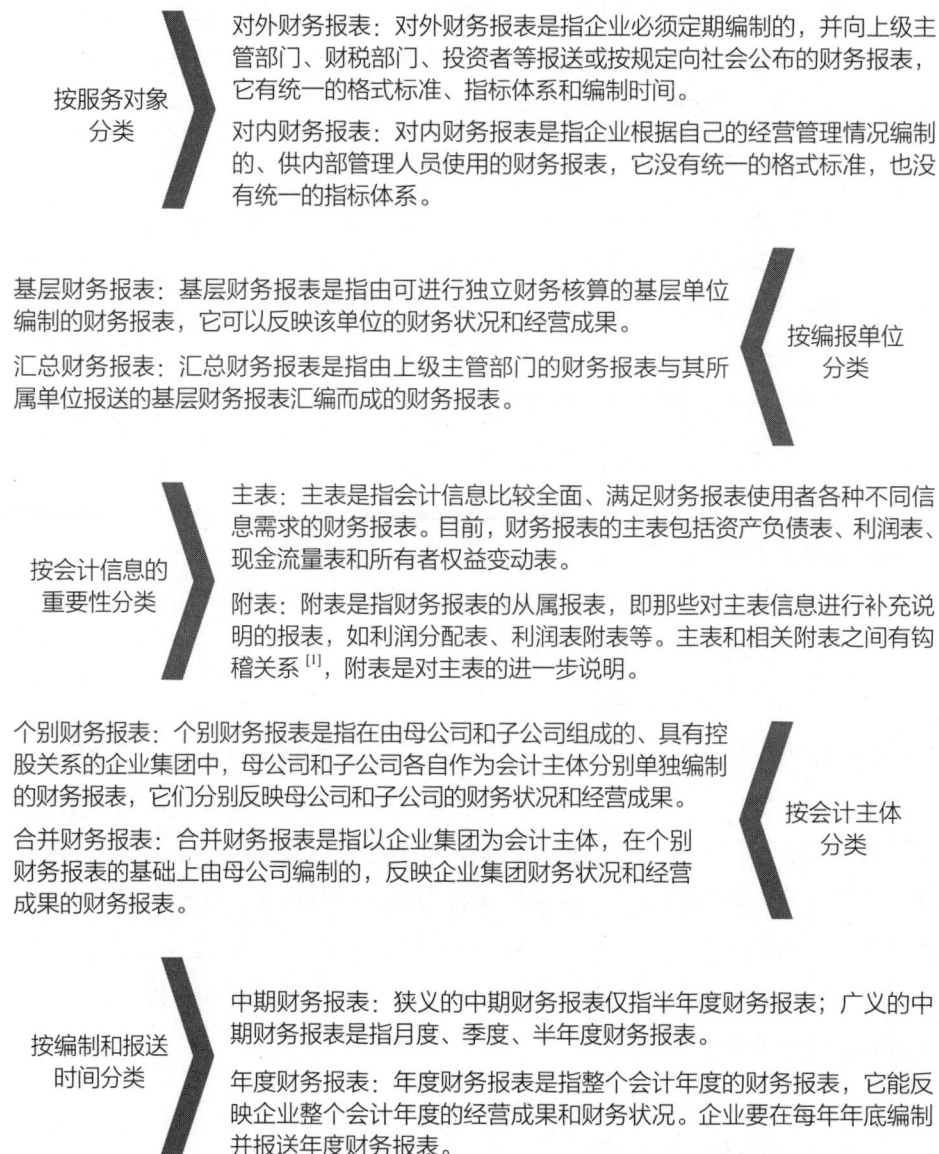

按服务对象分类

对外财务报表：对外财务报表是指企业必须定期编制的，并向上级主管部门、财税部门、投资者等报送或按规定向社会公布的财务报表，它有统一的格式标准、指标体系和编制时间。

对内财务报表：对内财务报表是指企业根据自己的经营管理情况编制的、供内部管理人员使用的财务报表，它没有统一的格式标准，也没有统一的指标体系。

基层财务报表：基层财务报表是指由可进行独立财务核算的基层单位编制的财务报表，它可以反映该单位的财务状况和经营成果。

汇总财务报表：汇总财务报表是指由上级主管部门的财务报表与其所属单位报送的基层财务报表汇编而成的财务报表。

按编报单位分类

按会计信息的重要性分类

主表：主表是指会计信息比较全面、满足财务报表使用者各种不同信息需求的财务报表。目前，财务报表的主表包括资产负债表、利润表、现金流量表和所有者权益变动表。

附表：附表是指财务报表的从属报表，即那些对主表信息进行补充说明的报表，如利润分配表、利润表附表等。主表和相关附表之间有钩稽关系[1]，附表是对主表的进一步说明。

个别财务报表：个别财务报表是指在由母公司和子公司组成的、具有控股关系的企业集团中，母公司和子公司各自作为会计主体分别单独编制的财务报表，它们分别反映母公司和子公司的财务状况和经营成果。

合并财务报表：合并财务报表是指以企业集团为会计主体，在个别财务报表的基础上由母公司编制的，反映企业集团财务状况和经营成果的财务报表。

按会计主体分类

按编制和报送时间分类

中期财务报表：狭义的中期财务报表仅指半年度财务报表；广义的中期财务报表是指月度、季度、半年度财务报表。

年度财务报表：年度财务报表是指整个会计年度的财务报表，它能反映企业整个会计年度的经营成果和财务状况。企业要在每年年底编制并报送年度财务报表。

图 1-1　财务报表的分类

---

[1] 钩稽关系是指账簿和财务报表中有关数字之间存在的，可据以相互查考、核对的关系。

　　通过了解财务报表的定义、构成和分类，财务人员可以按要求、按规范来编制财务报表，进而为财务报表使用者提供准确的会计信息，确保企业的财务报表能够发挥出其应有的价值和意义。

实操笔记

【写一写】学习完本节内容，你能很快地说出财务报表的定义、构成和分类吗？请试着在下面写出来。

_____

_____

_____

♻ 1.2 财务报表的作用

财务报表是非常重要的，它的作用不胜枚举：它可以用来帮助财务人员核对账目；它还可以帮助企业的投资者、债权人了解企业的资金运转情况、盈利能力、偿债能力、发展前景等，从而为他们的投资决策提供重要的依据；它也可以帮助国家经济管理部门了解和掌握各行业、各地区的经济运行情况，以便于宏观经济调控的开展；等等。这些作用都是不能忽视的，但我们本节主要讨论的是财务报表对于企业经营活动的作用。

财务报表可以全面地揭示出企业在特定时期的财务状况和经营结果，因而，对于企业的经营活动来说，它可以起到非常重要的作用，甚至可以说，没有财务报表，企业的经营活动将难以开展。那么，财务报表对企业经营活动的作用具体是怎样的呢？

1.2.1 对内：管理和决策的重要工具

在每艘轮船的驾驶舱中都有一个仪表台，它可以将轮船上所有设备的实时监控数据汇总并显示出来，有了仪表台，船长就能毫不费力地掌握轮船的航行状态。企业的财务报表就相当于轮船上的仪表台，它把企业某一特定时期的各项经济业务汇总并转化为数据和指标，企业管理者可以通过这些数据和指标全面、系统地了解企业的经营状况，并以此为依据进行管理和决策。

通过分析资产负债表，管理者可以及时了解企业的财务运行状况，并对企业的偿债能力、资本结构的合理性、流动资金的充足性等问题做出准确判断；通过分析利润表，管理者可以充分了解企业的盈利能力和经营效率；通过分析现金流量表，管理者可以了解企业的现金流量是否合理；通过分析所有者权益变动表，管理者可以了解企业的所有者权益状况及其增减变动情况；通过财务报表附注，管理者可以更全面地理解财务报表。这些信息都是企业在进行管理和决策时需要着重参考的。

为了让企业向着更好的方向发展，企业管理者必须学习财务报表的相关知识，毕竟，只有看懂报表，才能掌握有效信息，把握企业的发展方向。

1.2.2　对外：商业沟通的通用语言

如果世界上没有财务报表，商业交易还能顺利开展、商业世界还能正常运行吗？答案当然都是否定的。因为财务报表在商业沟通中扮演着不可或缺的角色，它是企业间进行商业沟通时的通用语言。为什么这么说呢？我们来看一个例子。

假如你是一家大企业的老板，为了扩大企业的经营范围，你想收购一家小企业。经过一番调查后，你发现市面上的同类企业有很多，而且它们的质量参差不齐。在无法彻底了解这些企业的情况下，你只能根据它们的平均质量来决定收购价格。可是，当你给出收购价格以后，那些低质量企业认为你的出价高出预期，十分乐于被收购；而那些高质量企业则认为你的出价太低，不愿被收购。慢慢地，那些高质量企业一个一个地都选择了退出，最后留下的反而是那些低质量企业，这种现象就是所谓的"劣币驱除良币"，它产生的根本原因是信息的不透明。

事实上，在很多商业交易中都存在类似的现象，比如，如果一个不了解农产品价格的人去菜场买菜，就很有可能会上当受骗。要防止这种现象的发生，就必须保证交易双方之间信息的透明，从而加深彼此的了解。对于企业来说，还有什么信息传递工具比一套财务报表更能反映自己的真实经营状况呢？

财报小课堂

我们在判断企业的质量时，不能只关注利润，利润只能证明企业有盈利能力。想要判断企业有没有好的现金流量、有没有继续扩大经营的能力，我们还要看它的资产累积有多少。

回到上面的例子中，你在收购企业时，如果能通过财务报表了解对方的真实财务状况和未来的发展潜力，就不难选出你想要的高质量企业了；反过来，那些真正的高质量企业也能通过财务报表向你展示自己的优势和实力。

　　由此看来，财务报表在企业的经营活动中发挥着不可替代的重要作用。

实操笔记

【多选题】财务报表的作用主要包括（　　）

A. 为财务人员核对账目提供必要的信息资料

B. 为国家经济管理部门进行宏观经济调控提供必要的信息资料

C. 为投资者做投资决策提供必要的信息资料

D. 为债权人了解企业的资金运转情况、盈利能力、偿债能力等提供必要的信息资料

E. 为企业管理者进行日常经营管理和决策提供必要的信息资料

答案：B、C、D、E

♻ 1.3 财务报表的四大编制原则

小张是一个刚参加工作的财务人员，经过一段时间的锻炼和实践，领导让她参与编制公司的季度财务报表。为了做好这项工作，小张特意学习了财务报表的编制要求。通过学习，她了解了在编制财务报表时应该遵守的四大原则，即真实性原则、准确性原则、完整性原则和及时性原则。

1.3.1 真实性原则

财务人员在编制财务报表时，应保证数据和内容的真实性，让它们如实地反映企业的现金流量、财务状况和经营成果，这是真实性原则的根本要求。

一套财务报表的编制一般要经过记账、登记会计账簿、编制财务报表三个步骤，将这三个步骤分别进一步展开，我们就能得到关于财务报表编制过程的更为详细的说明：首先，将原始凭证汇总，并编制记账凭证；然后，根据记账凭证登记会计账簿；最后，根据会计账簿编制财务报表。财务报表的编制过程如图 1-2 所示。

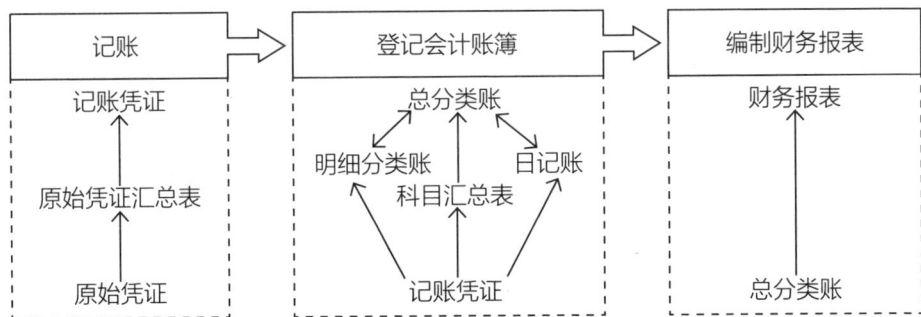

图 1-2　账务报表的编制过程

由图 1-2 可知，在财务报表的编制过程中会涉及大量的数据登记和计算工作，因此，在编制财务报表时，财务人员要做到如实填写、准确计算，只有这样才能保证财务报表的真实性。那么，财务人员如何保证自己真正做到如实填写、准确计算呢？他们应当以审核无误的会计账簿和其他相关资料为依据，不能使用估算或推算的数据，更不能弄虚作假，玩"数字游戏"。

除了保证数据的真实性，也应该保证财务报表中的列示项目在各个会计期间保持一致，且不得随意被更改。只有遇到以下两种特殊情况，财务人员才能更改财务报表中的列示项目：

　　✓ 企业会计准则要求改变财务报表项目的列报；

　　✓ 企业经营业务的性质发生重大变化。

除了注意数据和列示项目的真实性，财务人员还应了解企业的整体经营情况，并以其为基础编制财务报表，不能脱离实际。如果财务报表的内容不真实，那么它不仅不能发挥自己应有的作用，而且会误导财务报表使用者，致使其制定出错误的决策，让企业蒙受损失。

1.3.2　准确性原则

财务报表不仅能反映企业的经营状况，还能体现企业财务工作的水平。如果某企业的财务报表错漏百出，那么我们可以推断出这家企业的财务工作一定是不严谨、不规范的。每家企业、每位财务人员都要把控好财务报表的质量关，以保证其准确性。

想要提升财务报表的准确性，财务人员除了要有强烈的责任心、严谨的工作态度，还要掌握有效的工作方法，养成好的工作习惯。希望下面的四点建议能对大家有所帮助。

1. 严格遵循格式标准

财务人员在编制财务报表时，一定要严格遵循格式标准。在本章的第一节中，笔者已经为大家列举出了 2019 年度新版财务报表的样表（见表 1-1 至表 1-4）。财务报表统一的格式标准可以让所有的会计信息达成一致，让所有的企业都能更容易、更快、更有效地完成沟通。

財報
小课堂

2019 年 4 月 30 日，财政部发布《关于修订印发 2019 年度一般
企业财务报表格式的通知》（财会〔2019〕6 号），确定了现行的
财务报表格式。

2. 严格查验、核对数据

财务人员应该对财务报表中的数据进行严格的查验、核对。在财务工作中，一个小数点的错误，或者一个小小的笔误，都有可能造成巨大的数据误差。如果财务报表中的数据不准确，那么就很有可能会让企业蒙受经济损失，甚至承担法律风险。因此，任何参与编制财务报表的财务人员都应该养成及时查验、核对数据的好习惯，都应在数据上尽力做到"零错漏"。事实证明，严格查验、核对数据能够有效提升其准确率。

3. 掌握正确的会计核算方法

在财务报表的编制过程中涉及大量的计算，所以，为了保证财务报表的准确性，财务人员必须掌握正确的会计核算方法。虽然会计核算方法属于难度较大的专业知识，但是只要学好它就能有效减少错误，大大提升财务报表的准确性。

"熟能生巧，巧能生精"是做好财务工作的不二法门。在日常工作中，财务人员要积极学习专业知识，并在实践中勤加练习。只要不断地练习和积累，就能最大限度地降低错误率，并形成一套完善而成熟的工作方法。

4. 注重数据填写的规范性

规范地填写数据是财务人员的基本功之一，每个财务人员在学习会计知识之初，都要学习这一基本功。可是，在工作了一段时间以后，很多人会放松对自己的要求，在填写数据时不注重规范性。数据填写看似简单，但是在财务工作的实操中，却是不可忽视的重点。按正确的方法填写数据，能帮助我们避免很多不必要的错误。

1.3.3 完整性原则

财务人员在编制财务报表时应该遵循完整性原则，不仅要保证内容完整，还要做到手续完备。

1. 内容完整

凡是国家要求提供的财务报表，企业都必须按国家规定来编制；凡是国家要求反映的信息，企业都必须在财务报表中反映，不能漏编和漏报。财务报表要全面地反映企业在特定时期的经营活动情况，否则将无法发挥其应有的作用。

2. 手续完备

企业财务人员在编制对外提供的财务报表时应该做到手续完备——财务报表要有封面并装订成册，还要加盖公章；同时，财务报表封面上的信息也应该是完整的，这些信息包括：

- ✓ 企业名称、企业统一代码、企业组织形式、企业地址；
- ✓ 报表所属年份或者月份、报送日期；
- ✓ 企业负责人、财务负责人签章；
- ✓ 设置总会计师的企业，应加上总会计师的签章。

由于财务报表的数据都来自会计账簿，为保证数据的正确性，财务人员在编制报表之前须做好对账和结账工作，做到"账证相符、账账相符、账实相符、账表相符"。

1.3.4 及时性原则

财务报表具有很强的时效性，如果财务报表的编制和报送不及时，那么其中的会计信息的价值就会大打折扣。

想要保证财务报表编制和报送的及时性，财务人员平时一定要认真做好记账、对账、财产清查、调整账面等日常工作；财务主管要加强部门内财务人员之间的沟通与协作，以提高他们的工作效率。看到这里，有人可能会问："能不能为了及时报送财务报表而提前结账呢？"答案当然是："不可以！"在工作中，财务人员应该严格遵循相关规章制度，千万不能为了赶进度而违反规章制度，更不能为了及时报送财务报表而忽视其质量。

编制出一套准确的财务报表，对于刚入门的财务人员来说并不是一件容易的事，因为任何一个疏忽都有可能导致严重的错误。身为财务人员，我们在工作中不仅要做到细致严谨，还要勤于练习财务工作的基本功，因为编制出准确财务报表的秘诀是"无他，唯手熟尔"。

实操笔记

【写一写】在财务报表的封面上应该有哪些信息？请试着在下面写出来。

♻ 1.4　深入了解新版财务报表的格式

当你上网查找财务报表的相关资料时，一定看到过类似这样的信息："2017年财务报表模板""2018 年财务报表模板""2019 年财务报表模板"……面对这些不同版本的财务报表，你是否一头雾水？但是，只要你打开它们，就会发现它们之间有着明显的区别。之所以会出现这些不同版本的财务报表，是因为财政部对财务报表的格式进行过三次修订。

1.4.1　财务报表格式的三次修订

为了让财务报表能与经济发展状况相适应，财政部于 2017 年 12 月、2018年 6 月、2019 年 4 月分别三次修订了财务报表的格式。财务报表格式的三次修订如表 1-5 所示。

表 1-5　财务报表格式的三次修订

修订时间	表格	主要修订内容
2017 年 12 月	资产负债表	**新增项目**：新增"持有待售资产""持有待售负债"项目
	利润表	**新增项目**：新增"资产处置收益项目""其他收益""持续经营净利润""终止经营净利润"项目

续表

修订时间	表格	主要修订内容
2018 年 6 月（针对已执行新金融准则或新收入准则的企业[1]）	资产负债表	**合并项目**："应收账款""应收票据"项目合并为"应收票据及应收账款"项目；"应付票据""应付账款"项目合并为"应付票据及应付账款"项目 **划归项目**："应收利息""应收股利"项目划归"其他应收款"项目；"应付利息""应付股利"项目划归"其他应付款"项目；"固定资产清理"项目划归"固定资产"项目；"工程物资"项目划归"在建工程"项目；"专项应付款"项目划归"长期应付款"项目 **新增项目**：新增"交易性金融资产""债权投资""其他债权投资""其他权益工具投资""其他非流动金融资产""交易性金融负债""合同资产""合同负债"项目 **删除项目**：删除"以公允价值计量且其变动计入当期损益的金融资产""可供出售金融资产""持有至到期投资""以公允价值计量且其变动计入当期损益的金融负债"项目
	利润表	**拆分项目**：从"管理费用"项目中拆分出"研发费用"项目；将"财务费用"项目拆分为"利息费用""利息收入"项目 **新增项目**：新增"信用减值损失""净敞口套期收益""其他权益工具投资公允价值变动""企业自身信用风险公允价值变动""其他债权投资公允价值变动""金融资产重分类计入其他综合收益的金额""其他债权投资信用减值准备""现金流量套期储备"项目 **删除项目**：删除"可供出售金融资产公允价值变动损益""持有至到期投资重分类为可供出售金融资产损益""现金流量套期损益的有效部分"项目
	所有者权益变动表	**新增项目**：新增"设定受益计划变动额结转留存收益""其他综合收益结转留存收益"项目

---

[1] 2018 年 6 月，财政部对一般企业财务报表的格式进行了修订，此次修订后的财务报表有两个版本，它们分别适用于未执行新金融准则和新收入准则的企业与已执行新金融准则或新收入准则的企业。表 1-5 中所反映的第二次财务报表格式的修订（2018 年 6 月）针对的是已执行新金融准则或新收入准则的企业。

续表

修订时间	表格	主要修订内容
2019 年 4 月（针对已执行新金融准则、新收入准则和新租赁准则的企业 [1]）	资产负债表	**新增项目**：新增"应收款项融资""使用权资产""租赁负债""专项储备"（所有者权益变动表同时新增该项目）项目 **拆分项目**：将"应收票据及应收账款"项目拆分为"应收票据""应收账款"项目；将"应付票据及应付账款"项目拆分为"应付票据""应付账款"项目
	利润表	**新增项目**：新增"以摊余成本计量的金融资产终止确认收益"项目 **位移项目**："信用减值损失""资产减值损失"项目的位置移至"公允价值变动收益"项目之后
	所有者权益变动表	**新增项目**：新增"专项储备"项目

在财政部于 2019 年 4 月发布的《关于修订印发 2019 年度一般企业财务报表格式的通知》（财会〔2019〕6 号）中，除了新增、拆分和移动了资产负债表、利润表和所有者权益变动表中的部分项目，还对资产负债表、利润表、现金流量表、所有者权益变动表中的部分项目进行了说明。由于本节篇幅有限，这里就不再一一列举了，如有需要，可在财政部官网上查阅相关内容。

以上就是财政部对财务报表格式的三次修订及其主要修订内容，通过这三次修订，我们可以看出财务报表是随着经济的发展而不断变化的。

接下来，让我们一起来解读一下 2019 年 4 月发布的新版财务报表的格式，看一看它有哪些新变化。

1.4.2　新版财务报表的格式有哪些新变化

在新版财务报表中，变化最明显的要数资产负债表和利润表。新版资产负债表格式的变化被总结为"两项拆分，四项新增"，如表 1-6 所示。

---

[1] 第三次修订（2019 年 4 月）后的财务报表有两个版本，它们分别适用于未执行新金融准则、新收入准则和新租赁准则的企业与已执行新金融准则、新收入准则和新租赁准则的企业，本书中所提及的新版的财务报表均指后一个版本的财务报表。

表1-6 新版资产负债表格式的变化

会企01表

编制单位： 年 月 日 单位：元

资产	期末余额	上年年末余额	负债和所有者权益（或股东权益）	期末余额	上年年末余额
流动资产：			**流动负债：**		
货币资金			短期借款		
交易性金融资产			交易性金融负债		
衍生金融资产			衍生金融负债		
应收票据			应付票据		
应收账款			应付账款		
应收款项融资			预收款项		
预付款项			合同负债		
其他应收款			应付职工薪酬		
存货			应交税费		
合同资产			其他应付款		
持有待售资产			持有待售负债		
一年内到期的非流动资产			一年内到期的非流动负债		
其他流动资产			其他流动负债		
流动资产合计			流动负债合计		
非流动资产：			**非流动负债：**		
债权投资			长期借款		
其他债权投资			应付债券		
长期应收款			其中：优先股		
长期股权投资			永续债		
其他权益工具投资			租赁负债		
其他非流动金融资产			长期应付款		
投资性房地产			预计负债		
固定资产			递延收益		
在建工程			递延所得税负债		
生产性生物资产			其他非流动负债		

续表

资产	期末余额	上年年末余额	负债和所有者权益（或股东权益）	期末余额	上年年末余额
油气资产			非流动负债合计		
使用权资产			负债合计		
无形资产			**所有者权益（或股东权益）：**		
开发支出			实收资本（或股本）		
商誉			其他权益工具		
长期待摊费用			其中：优先股		
递延所得税资产			永续债		
其他非流动资产			资本公积		
非流动资产合计			减：库存股		
			其他综合收益		
			专项储备		
			盈余公积		
			未分配利润		
			所有者权益（或股东权益）合计		
资产总计			负债和所有者权益（或股东权益）总计		

　　在第二次对一般企业财务报表格式的修订中（2018 年 6 月），资产负债表中的"应收票据""应收账款"项目被合并为"应收票据及应收账款"项目，"应付票据""应付账款"项目被合并为"应付票据及应付账款"项目；但是，在新版资产负债表中，这四个项目又被重新拆分开。通过上述这种变化，我们可以简单地看出，一般企业财务报表格式的修订依据是企业的实际核算需要。

　　在新版资产负债表中还增加了"应收款项融资""使用权资产""租赁负债""专项储备"项目。其中，"应收款项融资"项目反映资产负债表日以公允价值计量且其变动计入其他综合收益的应收票据和应收账款等；"使用权资产"项目反映资产负债表日承租人企业持有的使用权资产的期末账面价值；"租赁负债"项目反映资产负债表日承租人企业尚未支付的租赁付款额的期末账面价值。至于"专项储备"项目，它反映高危行业企业按国家规定提取的安全生产费的期末账面价值。在之前的财务报表中，虽然没有"专项储备"项目，但根据企业会计准则的相关规定，高危行业企业必须计提专项储备，因此，企业只能将专项储备计入其他项目进行核算；在新版财务报表中，"专项储备"项目被正式列入了资产负债表中，这项修订内容为企业的核算提供了极大的便利。

财报小课堂

在实践中，"应收款项融资"项目一般包括拟用于背书的应收票据、拟用于贴现的应收票据和拟用于保理的应收账款等。例如中金岭南在其 2019 年的财务报表中提到："本集团在日常资金管理中将部分银行承兑汇票背书或贴现，既以收取合同现金流量又以出售金融资产为目标，因此，本集团在 2019 年 1 月 1 日及以后将该等应收票据重分类为以公允价值计量且其变动计入其他综合收益金融资产类别，列报为应收款项融资。"

新版利润表格式的变化如表 1-7 所示。

表 1-7　新版利润表格式的变化

会企 02 表

编制单位：　　　　　　　　　年　月　　　　　　　　　单位：元

项目	本期金额	上期金额
一、营业收入		
减：营业成本		
税金及附加		
销售费用		
管理费用		
研发费用		
财务费用		
其中：利息费用		

项目	本期金额	上期金额
利息收入		
加：其他收益		
投资收益（损失以"-"号填列）		
其中：对联营企业和合营企业的投资收益		
以摊余成本计量的金融资产终止确认收益		
净敞口套期收益（损失以"-"号填列）		
公允价值变动收益（损失以"-"号填列）		
信用减值损失（损失以"-"号填列）		
资产减值损失（损失以"-"号填列）		
资产处置收益（损失以"-"号填列）		
二、营业利润（亏损以"-"号填列）		
加：营业外收入		
减：营业外支出		
三、利润总额（亏损总额以"-"号填列）		
减：所得税费用		
四、净利润（净亏损以"-"号填列）		
（一）持续经营净利润（净亏损以"-"号填列）		
（二）终止经营净利润（净亏损以"-"号填列）		
五、其他综合收益的税后净额		
（一）不能重分类进损益的其他综合收益		
1. 重新计量设定受益计划变动额		
2. 权益法下不能转损益的其他综合收益		
3. 其他权益工具投资公允价值变动		
4. 企业自身信用风险公允价值变动		
……		

续表

项目	本期金额	上期金额
（二）将重分类进损益的其他综合收益		
1. 权益法下可转损益的其他综合收益		
2. 其他债权投资公允价值变动		
3. 金融资产重分类计入其他综合收益的金额		
4. 其他债权投资信用减值准备		
5. 现金流量套期储备		
6. 外币财务报表折算差额		
……		
六、综合收益总额		
七、每股收益		
（一）基本每股收益		
（二）稀释每股收益		

　　在新版利润表中，新增项目为"以摊余成本计量的金融资产终止确认收益"，该项目反映企业因转让等情形导致终止确认以摊余成本计量的金融资产而产生的利得或损失；而"信用减值损失""资产减值损失"项目被移至"公允价值变动收益"项目之后。

　　由于在新版资产负债表中新增了"专项储备"项目，因此，在新版所有者权益变动表中也新增了"专项储备"项目。在编制所有者权益变动表时，财务人员需要核算的项目增加了。

　　在对财务报表格式的第三次修订（2019年4月）中，现金流量表的格式并没有发生变化，但增添了一条项目说明："企业实际收到的政府补助，无论是与资产相关还是与收益相关，均在'收到其他与经营活动有关的现金'项目填列。"这条说明规定了政府补助的填列口径。当然，其他三张表也有相应的醒目说明，这里就不一一赘述了。

实操笔记

【想一想】到目前为止，财务报表一共被修订了几次？主要修订内容分别是什么？请在下面写出来。

第 2 章

资产负债表：企业的"家底账"

资产负债表是企业的"家底账"，其包含资产、负债和所有者权益三大要素。只有弄清这三大要素的含义及它们之间的关系，财务人员才能理解资产负债表，并掌握编制资产负债表的方法。

♻ 2.1 认识资产负债表

小张于 2019 年 11 月 21 日购买了一套住房，这套房子总价为 400 万元，小张拿出自己的所有存款付了首付（总价的 30%），共计 120 万元。请问，小张现在有多少钱？有人一定会说，房子的产权归小张所有，所以，他有 400 万元。事实上，这个答案是不准确的。小张的完整资产状况应该是这样的：资产 400 万元，负债 280 万元，净资产 120 万元。而这 120 万元净资产才是小张实实在在拥有的权益。

上面的例子帮我们引出了资产负债表的三大要素：资产、负债和所有者权益（净资产）。接下来，我们可以通过资产负债恒等式来了解一下这三大要素之间的关系。

2.1.1 资产负债恒等式

资产负债表三大要素之间的关系可以通过资产负债恒等式来清晰地展示，资产负债恒等式如图 2-1 所示。

$$资产 = 负债 + 所有者权益$$

图 2-1 资产负债恒等式

资产负债恒等式是企业会计核算的理论基础，也是其编制资产负债表的依据。

在资产负债恒等式中，负债和所有者权益之和等于资产。当负债不变时，资产和所有者权益按同方向变化 [1]；当所有者权益不变时，资产和负债按同方向变化。

---

[1] 同方向变化是指两个变量朝着同一个方向变化，且速度一样。

我们可以把资产负债恒等式想象成一架永远需要保持平衡的天平，天平左侧的砝码是资产，右侧的砝码是负债和所有者权益，如图 2-2 所示。资产负债表中的数据就是砝码的具体重量，只要有任何一点错误，资产负债恒等式天平的平衡就会被打破。

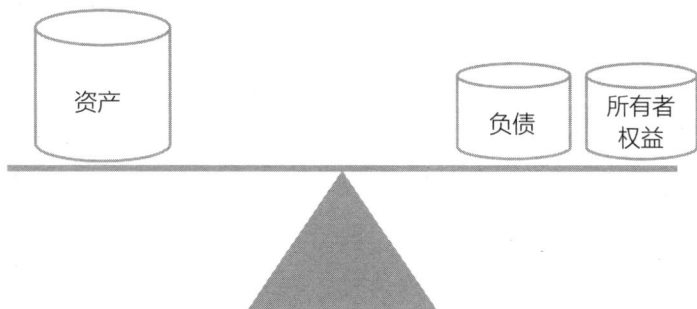

图 2-2　资产负债恒等式天平

根据资产、负债和所有者权益三者之间的关系，按一定的分类标准和顺序，将企业一定时期的资产、负债和所有者权益的各项目进行适当排列，就可以得到一张资产负债表。

2.1.2　资产负债表三大要素的分布

在资产负债表中，资产、负债、所有者权益三大要素的分布如图 2-3 所示。

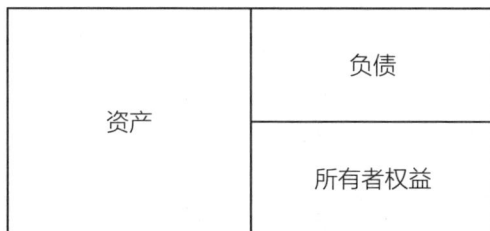

图 2-3　资产负债表三大要素的分布

1. 资产

资产在资产负债表中占据一半的位置。资产类项目可分为流动资产和非流动资产：流动资产包括货币资金、交易性金融资产、应收票据、应收账款、预付款项、存货等；非流动资产包括长期股权投资、固定资产、在建工程、无形资产、开发支出、长期待摊费用、其他非流动资产等。

2. 负债

负债分布在资产负债表的右上方。负债类项目可分为流动负债和非流动负债：流动负债包括短期借款、应付票据、应付账款、预收款项、应付职工薪酬、应交税费、其他应付款等；非流动负债包括长期借款、应付债券、其他非流动负债等。

3. 所有者权益

所有者权益分布在资产负债表的右下方。图 2-4 所展示的是资产负债恒等式的变形等式，通过这个变形等式我们可以看出，所有者权益是由资产减去负债后得到的。所有者权益可以反映企业最真实的资产状况。

$$所有者权益 = 资产 - 负债$$

图 2-4　资产负债恒等式的变形等式

总而言之，资产负债表是由资产、负债和所有者权益这三大要素构成的，而且这三大要素之间必须保持平衡，否则就说明在资产负债表中存在着不能忽视的错误。

实操笔记

【写一写】请在下面将资产负债恒等式写出来。

_____

_____

♻ 2.2 资产负债表主要项目的解析

通过上一节的学习我们可以知道，资产负债表中的项目可以分为资产、负债和所有者权益三大类。不管是编制资产负债表，还是分析资产负债表，都需要我们深入了解资产、负债和所有者权益。

2.2.1 资产

资产是资产负债表的三大要素之一，为了更好地认识资产负债表中的资产类项目，我们必须深刻地理解资产的定义。

1. 什么是资产

有人可能会说，"资产"就是企业的"钱"。如果你对资产负债表已经有了基本的认识，那么你一定知道，这个说法是不准确的——我们不能简单地用"钱"或"物"来定义"资产"。在了解资产的定义之前，请大家先思考下面几个问题。

问题一：张老板租了一间厂房和几台印刷机，开办了一家小型印刷厂，其中，厂房和印刷机的租期为 5 年。那么，已经投入使用的厂房和印刷机是不是企业的资产？

答案：不是。因为企业对厂房和印刷机只有使用权，没有所有权；而且厂房和印刷机的租赁期较短，企业对其没有支配权。通过这个问题我们可以看出，资产具有排他性，也就是说，资产的使用权和所有权都必须归企业所有。

问题二：一家企业拥有几座矿山，但是这几座矿山却无法被估价，那么，这几座矿山是不是这家企业的资产？

答案：不是。因为资产必须能够被货币计量，而矿山无法被估价，所以不是企业的资产。

问题三：一家工厂拥有一间被废弃的厂房和一批被淘汰的设备，那么，这间厂房和这些设备是不是这家工厂的资产？如果这家工厂有200万元外债没有收回，那么这笔外债是不是这家工厂的资产？

答案：被废弃的厂房和被淘汰的设备不是资产，借出的外债是资产。因为资产应该为企业带来经济利益，而被废弃的厂房和被淘汰的设备已经不能为企业带来经济利益，所以不是资产。此外，资产不仅包括财产，还包括债权和其他权利，因此这家工厂借出的外债是资产。

通过上面的三个问题，我们可以看出资产的几个特性，即排他性、可被货币计量、可为企业带来经济利益。透过这几个特性，我们可以总结出资产的定义：资产是企业在过去的交易、事项中取得的，被企业拥有和控制的，预期会为企业带来经济利益的经济资源。

根据资产的定义，我们在判断某笔资金、某台设备、某项资源是不是资产时，要看它是否满足以下三个条件。

（1）资产是企业在过去的交易、事项中取得的。

资产是企业在过去的交易、事项中取得的，而不是在现在或未来的交易、事项中取得的经济资源。比如，A公司与B公司签订了购买某设备的购销合同，这笔交易仍在进行中，那么购入的设备还没有完全被A公司拥有，所以，此设备还不是A公司的资产；再比如，C公司可以从一项未决诉讼中获得300万元的赔偿，虽然已经有胜诉的把握，但是法院还未做出正式的判决，那么，这笔赔偿金目前还不是C公司的资产。

（2）资产被企业拥有或控制。

资产是被企业拥有或控制的经济资源——即使不被企业拥有，也必须被企业控制和支配。只有满足这样的条件，企业才能够排他性地通过资产获得经济利益。当企业租赁某资产时，如果租赁合同中规定的租赁期相当长（接近该资产的使用寿命），同时，在租赁期内承租企业有权支配该资产并从中获得经济利益，而且在租赁期结束后，承租企业有权优先购买该资产，那么这项租赁资产可以被看作该企业的资产。

（3）资产预期会给企业带来经济利益。

资产是企业的经济资源，但经济资源并不等于资产，只有预期会给企业带来经济利益的经济资源才是资产。预期能够给企业带来经济利益是资产的本质特征。企业拥有或控制资产的目的就是获取资产的效能，并从中得到经济利益。

比如，某企业盲目引进了一台价值 50 万元的生产设备，该设备一直没有被使用，被闲置了 10 年；但是，在这 10 年的财务报表中，该企业都将该设备列入"固定资产"项目中（未折旧）。这样编制的资产负债表没有客观反映企业真实的资产情况，会导致虚增资产、少列费用等现象的产生，同时资产负债表的真实性也会受到质疑。对于此类无法给企业带来经济利益的固定资产，应该全额计提固定资产减值准备 [1]。

2. 资产类项目

在资产负债表中，资产类项目按流动性被分为流动资产和非流动资产来分别列示。

（1）流动资产

流动资产是指能在一年或超过一年的一个营业周期内变现或耗用的资产，包括货币资金、交易性金融资产、应收票据、应收账款、预付款项、存货等。按照流动性的大小，流动资产还可以被分为速动资产和非速动资产：速动资产是指在很短时间内可以变现的流动资产，如货币资金、交易性金融资产和各种应收款项等；而非速动资产包括预付款项、存货及一年内到期的非流动资产、其他流动资产等。

流动资产在周转的过程中，会依次改变其形态（货币资金→储备资金、固定资金→生产资金→成品资金→货币资金），且各种形态的资金与生产流通紧密结合，因此，流动资产有周转速度快、变现能力强的特点。

（2）非流动资产

非流动资产是指不能在一年或超过一年的一个营业周期内变现或者耗用的资产，具有占用资金多、周转速度慢、变现能力差等特点。非流动资产主要包括长期股权投资、固定资产、在建工程、无形资产、开发支出、长期待摊费用、其他非流动资产等。非流动资产与流动资产的主要区别在于能否在一年或超过一年的一个营业周期内转变为可以使用的流动资金。

---

[1] 固定资产减值准备是指由于固定资产市价持续下跌，或技术陈旧、损坏、长期闲置等原因导致其可收回金额低于账面价值的，应当将可收回金额低于其账面价值的差额作为减值准备金额。

2.2.2 负债

说到负债，很多人都会认为它是负面的、不利于企业发展的因素，所以企业的负债应该越少越好。事实上，这种说法是不准确的。在资产负债表中，负债不只是"欠钱"那么简单。一般来说，企业的负债有三大来源，分别是经营性负债（无息）、分配性负债（无息）、融资性负债（有息），如图 2-5 所示。

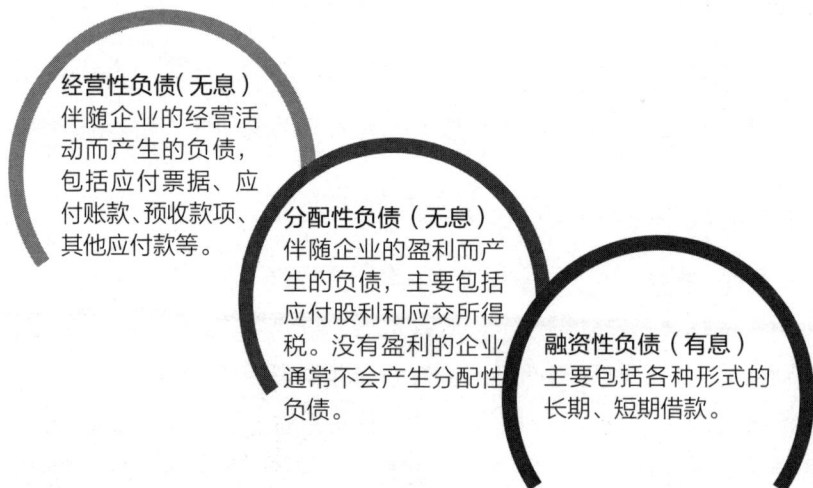

经营性负债（无息）
伴随企业的经营活动而产生的负债，包括应付票据、应付账款、预收款项、其他应付款等。

分配性负债（无息）
伴随企业的盈利而产生的负债，主要包括应付股利和应交所得税。没有盈利的企业通常不会产生分配性负债。

融资性负债（有息）
主要包括各种形式的长期、短期借款。

图 2-5　企业负债的三大来源

依据企业负债的三大来源我们可以看出，有些负债是伴随企业的经营活动而产生的，还有些负债是伴随企业的盈利而产生的，由此可知，企业有负债并不一定是坏事，财务人员和企业管理者都应该正确认识负债。

那么，到底什么是负债呢？某企业实行了一项售后保修政策，即对售出产品提供保修服务，这项保修服务所产生的费用是该企业的负债吗？让我们带着这个问题一起来认识负债。

1. 什么是负债

负债是指企业过去的交易、事项形成的，预期会导致经济利益流出企业的现时义务[1]，用通俗的话来说，负债就是企业欠别人的债务。如果说资产是企业享有的权利，那么负债就是企业应该承担的义务。通过负债的定义，我们可

---

[1] 现时义务是指企业在现行条件下已承担的义务。未来发生的交易、事项形成的义务不属于现时义务。

以总结出负债的三个特点。

（1）负债是企业过去的交易、事项形成的现时义务。

负债不是未来可能发生的义务，也不是发生过但已经不存在的义务，而是过去发生的、现在应承担的义务。比如，在某项未决诉讼中，某企业极有可能败诉并承担经济赔偿，但这件事还没有发生，所以它只能被认定是或有负债[1]，而不是企业负债。

（2）负债预期会导致经济利益流出企业。

负债是企业的现时义务，但并不是所有的现时义务都是负债，只有预期会导致经济利益流出企业的现时义务才是负债。比如，某企业没有依法履行合同，并给合作方造成经济损失，根据合同条款和司法裁定，该企业必须承担经济赔偿义务，那么，该义务可以被认定为债务，因为它导致经济利益流出该企业。

（3）企业要在未来特定的日子偿还负债。

负债的偿还方式一般有两种：一种是资产偿还；另一种是劳务偿还。在特殊情况下，企业还可以用其他方式偿还负债，比如，我国当前实施的债转股政策就允许负债企业用股权来偿还负债。（这项政策是国家为帮助国有企业脱困、促使国有企业改制而实施的过渡性措施。）

了解了负债的定义以后，我们就可以回答本小节开头提出的问题了。某企业实行了一项售后保修政策，即对售出产品提供保修服务，这项保修服务所产生的费用是该企业的负债吗？这项保修服务属于该企业的推定义务[2]，是该企业过去公开宣布且坚持实行的政策，而且预期会导致经济利益流出该企业，所以我们可以将其产生的费用认定为该企业的负债。

2. 负债类项目

在资产负债表中，负债类项目按流动性被分为流动负债和非流动负债来分别列示。

流动负债，又叫短期负债，是指偿还期在一年（含一年）或超过一年的一个营业周期内的债务，主要包括短期借款、应付票据、应付账款、预收账款、应付职工薪酬、应交税费、其他应付款等。

---

[1] 或有负债是指因过去的交易、事项可能导致未来所发生的事件而产生的潜在负债。

[2] 推定义务是指根据企业多年来的习惯做法、公开的承诺或公开宣布的政策而导致企业将承担的责任，这些责任也使有关各方形成了企业将履行义务的合理预期。

非流动负债，又叫长期负债，是指偿还期在一年或超过一年的一个营业周期以上的债务，主要包括长期借款、应付债券、其他非流动负债等，比如，某企业为购买设备而向银行借入的中长期贷款就属于非流动负债。

流动负债和非流动负债的不同点主要体现在时间范围和后续计量上。在时间范围上的不同：流动负债是一年内到期清偿的债务；非流动负债是一年以上到期清偿的债务。在后续计量上的不同：流动负债一般按照实际成本后续计量；非流动负债必须按照摊余成本的实际利率法计量。

负债是在企业经营过程中自然产生的现时义务，也是资产负债表的重要构成部分，只有理解了负债，才能着手编制资产负债表。

2.2.3　所有者权益

在一家企业中，有债权人，也有股东，他们分别对企业的资产享有相应的权益。其中，属于债权人的权益叫作负债；而属于股东的权益则叫作所有者权益，因为股东就是企业的所有者。在本节中，我们将一同了解资产负债表的最后一个要素——所有者权益。

1. 什么是所有者权益

《企业会计准则——基本准则》中规定："所有者权益是指企业资产扣除负债后，由所有者享有的剩余权益。"前文介绍过的资产负债恒等式的变形等式（见图 2-4）可以更直观地呈现出所有者权益的定义。通过该等式我们可以看出，所有者权益不仅反映了企业所有者投入资本的保值情况，也保护了债权人的权益。

在不同的企业中，所有者权益有不同的名称：在独资企业中它被称为业主权益；在股份公司中它被称为股东权益；等等。

所有者权益具有以下三个特点。

（1）所有者权益是所有者在企业资产中享有的经济利益。

所有者权益适用于产权 [1] 范畴，却不同于一般产权。一般产权包括合法财

---

[1] 产权是经济所有制关系的法律表现形式。在市场经济条件下，产权的属性主要表现在三个方面：产权具有经济实体性；产权具有可分离性；产权流动具有独立性。

产的所有权、占有权、支配权、使用权、收益权和处置权。比如，个人拥有的房屋可以自用，可以捐赠，也可以出售，因为个人拥有房屋的产权，所以可以在法定范围内不受干涉地处置房屋。所有者权益不是这样的，所有者在企业资产中享受经济利益，但不得任意抽回自己的投资，除非企业出现减资、清算等情况。

（2）所有者在企业资产中享有的是剩余经济利益。

所有者权益的定义明确了所有者权益的计算方法，也表明了所有者在企业资产中享有的经济利益不是全部经济利益，而是剩余经济利益。因此，所有者权益是排在债权人权益之后的，也就是说，企业要优先保障债权人的权益，即先清偿债务。

（3）所有者能够分享利润。

所有者权益金额的多少取决于所有者的投资额及企业经营状况的好坏。如果企业经营得好，获得的利润增多，那么所有者权益的金额也会随之增多；相反地，如果企业经营得不好，获得的利润减少，那么所有者权益的金额也会随之减少。因此，企业所有者不仅享有利益，也承担风险。那么，我们进一步可以知道，所有者可以分享企业利润，而债权人则不能参与利润分配。

财报
小课堂

根据《企业会计准则——基本准则》的规定，所有者权益体现的是所有者在企业中的剩余经济利益，那么，所有者权益的确认主要依赖于其他会计要素的确认，尤其是资产和负债的确认。由此，所有者权益金额的确定也就主要取决于资产和负债的计量。

2. 所有者权益类项目

所有者权益类项目包括盈余公积、未分配利润、资本公积、实收资本（或股本）、其他权益工具、其他综合收益等。其中，盈余公积、未分配利润合称为留存收益，是归所有者共有的、由收益转化而形成的所有者权益；资本公积是归所有者共有的、非收益转化而形成的资本，它主要包括资本溢价（或股本溢价）和其他资本公积等；实收资本是企业实际收到的投资者投入的资本；权益工具是在金融工具[1]中形成股权的一类工具，比如，企业发行的普通股，以及企业发行的、使持有者有权以固定价格购入固定数量本企业普通股的认股权证[2]等；其他综合收益是企业根据企业会计准则确定的未在当期损益中确认的各项利得和损失。

财务人员想要更好地掌握资产负债表的编制方法，就要正确地理解资产、负债和所有者权益这三大要素。

> ## 实操笔记
>
> 【写一写】请在下面写出资产、负债和所有者权益的定义。
>
> _____
>
> _____
>
> _____

---

[1] 金融工具是在金融市场中可交易的金融资产，是用来证明贷者与借者之间融通货币余缺的书面证明，其最基本的要素为支付的金额与支付条件。

[2] 认股权证是由股份有限公司发行的可认购其股票的一种买入期权，它赋予持有者在一定期限内以事先约定的价格购买发行公司一定股份的权利。

♻ 2.3　资产负债表的编制

在一张资产负债表中，除了有各个列示项目，还有"上年年末余额"栏和"期末余额"栏。"上年年末余额"栏的填列方法很简单，根据上一年度资产负债表中的"期末余额"栏内的数字填列即可。如果在本年度资产负债表中有项目的数额和上一年度资产负债表中的对应项目的数额不一致，应先按本年度的规定，对上一年度的资产负债表进行调整，然后再填入对应数字。"期末余额"栏的填列方法相对复杂些，大体可分为六种，它们分别是：

✓ 根据总账余额直接填列；

✓ 根据几个总账科目的期末余额计算填列；

✓ 根据明细账科目余额计算填列；

✓ 根据总账科目和明细账科目余额分析计算填列；

✓ 根据有关科目余额减去其备抵科目余额后的净额填列；

✓ 综合运用上述填列方法分析填列。

财务人员在填列资产负债表的"期末余额"栏时，我们要综合运用上述六种方法。比如，"交易性金融资产""短期借款"项目要根据总账余额直接填列；"货币资金"项目要根据几个总账科目的期末余额计算填列；"应付账款"项目要根据明细账科目余额计算填列；"长期借款"项目要根据总账科目和明细账科目余额分析计算填列；"应收票据""应收账款"项目要根据有关科目余额减去其备抵科目余额后的净额填列；"存货"项目要综合运用上述填列方法分析填列。

资产负债表"期末余额"栏的填列方法如表 2-1 所示。

表 2-1　资产负债表"期末余额"栏的填列方法（表中"-"表示"减"，"+"表示"加"）

	填列方法		填列方法
流动资产：		**流动负债：**	
货币资金	"库存现金""银行存款""其他货币资金"账户的期末借方余额之和	短期借款	根据"短期借款"账户的期末贷方余额填列
交易性金融资产	根据"交易性金融资产"账户的期末余额填列	交易性金融负债	根据"交易性金融负债"账户的期末余额填列
衍生金融资产	根据"衍生工具""套期工具""套期项目"等账户的期末借方余额填列	衍生金融负债	根据"衍生工具""套期工具""套期项目"等账户的期末贷方余额填列
应收票据	"应收票据"账户的期末余额-其相应"坏账准备"账户的期末余额	应付票据	根据"应付票据"账户的期末贷方余额填列
应收账款	"应收账款"和"预收账款"明细账期末借方余额之和-其相应的"坏账准备"账户的贷方余额	应付账款	"应付账款"和"预付账款"明细账的期末贷方余额之和
应收款项融资	反映资产负债表日以公允价值计量且其变动计入"其他综合收益"的应收票据和应收账款等	预收款项	"应收账款"和"预收账款"明细账贷方期末余额之和
预付款项	"应付账款"和"预付账款"明细账借方余额之和-其相应的"坏账准备"账户的期末余额	合同负债	根据"合同负债"明细科目的期末余额填列
其他应收款	"其他应收款"账户的期末余额-其相应的"坏账准备"账户的期末余额	应付职工薪酬	根据"应付职工薪酬"账户的期末贷方余额填列
存货	"原材料""在途物资""材料采购""库存商品""周转材料"等存货类账户的余额-"受托代销商品款""存货跌价准备"等账户的期末余额	应交税费	根据"应交税费"账户的期末贷方余额填列
合同资产	根据"合同资产"明细科目的期末余额填列	其他应付款	根据"其他应付款"账户的期末余额填列

续表

	填列方法		填列方法
持有待售资产	"持有待售资产"账户的期末余额－"持有待售资产减值准备"账户的期末余额	持有待售负债	"持有待售资产"账户的期末余额－"持有待售资产减值准备"账户的期末余额
一年内到期的非流动资产	包括一年内到期的持有至到期投资、待摊费用和一年内可收回的长期应收款，应根据相关科目的期末余额分析填列	一年内到期的非流动负债	包括一年内到期的长期借款、长期应付款和应付债券，应根据相关科目的期末余额分析填列
其他流动资产		其他流动负债	
流动资产合计		流动负债合计	
非流动资产：		**非流动负债：**	
债权投资	"债权投资"相关明细科目的期末余额－"债权投资减值准备"账户中相关减值准备的期末余额	长期借款	根据"长期借款"账户的期末余额填列
其他债权投资	根据"其他债权投资"相关明细科目的期末余额填列	应付债券	根据"应付债券"账户的期末余额填列
长期应收款	"长期应收款"账户的期末余额－一年内到期的部分－"未确认融资收益"账户的期末余额－其相应的"坏账准备"账户中按长期应收款计提的坏账损失	其中：优先股	
长期股权投资	"长期股权投资"账户的期末借方余额－"长期股权投资减值准备"账户的期末贷方余额	永续债	
其他权益工具投资		租赁负债	根据"租赁负债"账户的期末余额填列
其他非流动金融资产		长期应付款	"长期应付款"账户的期末余额－一年内到期部分－"未确认融资费用"账户的期末余额

	填列方法		填列方法
投资性房地产	成本模式[1]："投资性房地产"账户的期末余额－"投资性房地产累计折旧（摊销）""投资性房地产减值准备"账户的余额；公允价值模式[2]：根据"投资性房地产"账户的期末余额填列	预计负债	根据"预计负债"账户的期末贷方余额填列
固定资产	"固定资产"账户的期末余额－"累计折旧""固定资产减值准备"账户的期末贷方余额	递延收益	根据"递延收益"账户的期末余额填列
在建工程	"在建工程"账户的期末余额－"在建工程减值准备"账户的期末余额	递延所得税负债	根据"递延所得税负债"账户的期末贷方余额填列
工程物资	"工程物资"账户的期末余额－"工程物资减值准备"账户的期末余额		
生产性生物资产	"生产性生物资产"账户的期末余额－"生产性生物资产累计折旧""生产性生物资产减值准备"账户的期末贷方余额	其他非流动负债	
油气资产	"油气资产"账户的期末余额－"累计折耗"账户的期末余额－相应减值准备	非流动负债合计	
使用权资产	"使用权资产"账户的期末余额－"使用权资产累计折旧""使用权资产减值准备"账户的期末余额	负债合计	流动负债合计＋非流动负债合计
无形资产	"无形资产"账户的期末借方余额－"累计摊销""无形资产减值准备"账户的期末贷方余额	**所有者权益（或股东权益）：**	

[1] 在成本模式下采用历史成本作为账面价值，公允价值变动不影响记账。
[2] 在公允价值模式下，只要公允价值发生变化，就要相应地调整"账面价值""公允价值变动"等账目。

续表

	填列方法		填列方法
开发支出	根据"研发支出"账户中所属的"资本化支出"明细科目的期末余额填列	实收资本（或股本）	根据"实收资本（或股本）"账户的期末贷方余额填列
商誉	"商誉"账户的期末余额－相应减值准备	其他权益工具	反映资产负债表日企业发行在外的除普通股以外分类为权益工具的金融工具的期末账面价值[1]
长期待摊费用	"长期待摊费用"账户的期末余额－一年内（含一年）摊销的数额	其中：优先股	
递延所得税资产	根据"递延所得税资产"账户的余额填列	永续债	
其他非流动资产		资本公积	根据"资本公积"账户的期末贷方余额填列
非流动资产合计		减：库存股	根据"库存股"账户的期末借方余额填列
		其他综合收益	
		专项准备	根据"专项储备"账户的期末余额填列
		盈余公积	根据"盈余公积"账户的总账科目余额填列
		未分配利润	根据"本年利润""利润分配"账户的余额计算填列
		所有者权益（或股东权益）合计	实收资本（或股本）＋资本公积＋盈余公积 ± 未分配利润－库存股
资产总计	流动资产合计＋非流动资产合计	负债和所有者权益（或股东权益）总计	负债合计＋所有者权益合计

---

[1] 对于资产负债表日企业发行的金融工具，分类为金融负债的，应在"应付债券"项目填列，对于优先股和永续债，还应在"应付债券"项目下的"优先股"和"永续债"项目分别填列；分类为权益工具的，应在"其他权益工具"填列，对于优先股和永续债，还应在"其他权益工具"项目下的"优先股"和"永续债"项目分别填列。

大家可以拿出一张资产负债表，对照表2-1，试着填列一下。只有通过实践，才能熟练掌握填列方法，进而编制出准确、严谨的资产负债表。

实操笔记

【写一写】学习完本节内容，你是否了解了资产负债表"期末余额"栏的填列方法？那么，你知道"长期应收款"项目的"期末余额"栏应该如何填列吗？请在下面写出来。

♻ 2.4 资产负债表日后事项的解析

企业的会计年度一般以公历划分，根据《中华人民共和国会计法》的规定，资产负债表日（清账和编制资产负债表的日期）一般是每年的公历 12 月 31 日。但是，中国人习惯在农历年年底清账，很多企业都会选择在农历春节之前结清债务。那么，这种做法就会造成一个问题：如果在农历年年底清账时出现了问题或者造成了损失，那么这个问题或损失应该算在哪一个会计年度呢？

比如，2018 年 10 月，A 公司销售给 B 公司一批货物，售价为 15 万元，B 公司当月就收到货物并将其入库。按合同规定，B 公司应该在收到货物后的一个月内付清货款，但是，由于 B 公司的财务状况不佳，直至 2018 年 12 月 31 日它仍未完成付款。因此，A 公司在编制本公司 2018 年的资产负债表时为该项应收账款提取坏账准备 1 万元，此时，该项应收账款在资产负债表中的金额为 14 万元。随后，在 2019 年 12 月 31 日前的某一天，A 公司收到法院通知，获悉 B 公司已经宣告破产清算，无力偿还全部货款，而 A 公司预计可收回应收账款的 50%。那么，该事项所造成的损失应该被计算在 A 公司 2018 年的资产负债表中，还是应该被计算在其 2019 年的资产负债表中呢？

回答这个问题的关键在于要搞清楚 A 公司的财务报告批准报出日 [1] 和事项发生的具体时间。假设 A 公司的财务报告批准报出日为每年的 3 月 31 日，如果上述事项发生在 2019 年 3 月 31 日之后，那么该事项所造成的损失应该被计算在 A 公司 2019 年的资产负债表中，且作为期间事项被处理；如果上述事项发生在 2019 年 3 月 31 日之前，那么该事项所造成的损失应该被计算在 A 公司 2018 年的资产负债表中，此时 2018 年的资产负债表日（12 月 31 日）已经过去了，该事项应该作为资产负债表日后事项被处理。

---

[1] 财务报告批准报出日是指董事会或类似机构批准财务报告报出的日期，更具体地说就是对财务报告的内容负有法律责任的单位或个人批准财务报告向企业外部公布的日期。

2.4.1 资产负债表日后事项的定义

资产负债表日后事项是指自年度资产负债表日至财务报告批准报出日之间发生的有利或不利事项，简称日后事项。资产负债表日后事项如图 2-6 所示。

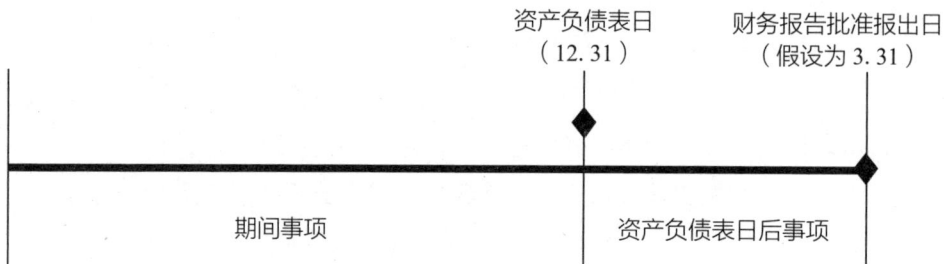

图 2-6 资产负债表日后事项

在理解"资产负债表日后事项"的定义时，我们还需要注意下面两点：

第一，财务报告批准报出日就是财务报表报出日，根据《企业会计准则 29号——资产负债表日后事项》，公司制企业的财务报表报出日一般是由公司董事会决定的。

第二，资产负债表日后事项包括有利事项和不利事项。资产负债表日后事项会对企业的财务状况和经营成果造成一定的影响，其中，造成有利影响的就是有利事项，造成不利影响的就是不利事项。企业在披露资产负债表日后事项时不应该隐瞒不利事项。

资产负债表日后事项是财务报表的重要组成部分，财务人员应该对其进行正确的会计处理，以保证财务报表的真实性。

2.4.2 资产负债表日后事项的内容

资产负债表日后事项包括资产负债表日后调整事项（以下简称调整事项）和资产负债表日后非调整事项（以下简称非调整事项）。

1. 调整事项

调整事项是指对资产负债表日已经存在的情况提供了新的或进一步证据的事项。

　　比如，A 公司因违约被起诉，截至 2019 年 12 月 31 日法院仍未判决，但 A 公司败诉的可能性极大，因此，A 公司在本公司 2019 年的资产负债表中计入了 200 万元的预计负债。2020 年 3 月 5 日（假设 A 公司财务报告批准报出日为 3 月 31 日），法院判决该公司败诉，应支付赔偿金 380 万元。那么，"2020 年 3 月 5 日，法院判决该公司败诉，应支付赔偿金 380 万元"就属于资产负债表日后事项中的调整事项，因为该事项对资产负债表日之前的诉讼提供了进一步的证据，确定了 A 公司败诉事实及赔偿金额。

　　一般来说，调整事项包括以下几项内容：

- ✓ 资产负债表日后诉讼案件结案，法院判决证实了企业在资产负债表日已经存在现时义务，需要调整原先确认的与该诉讼案件相关的预计负债，或确认一项新负债；
- ✓ 资产负债表日后取得确凿证据，表明某项资产在资产负债表日发生了减值，或者需要调整该项资产原先确认的减值金额；
- ✓ 资产负债表日后进一步确定了资产负债表日前购入资产的成本或售出资产的收入；
- ✓ 资产负债表日后发现财务报表中存在舞弊行为或存在差错。

2. 非调整事项

　　非调整事项是指表明资产负债表日后发生情况的事项。非调整事项的发生不影响资产负债表日企业的财务报表数字，只说明资产负债表日后发生了某些情况。对于财务报表使用者来说，有些非调整事项说明的情况很重要，有些则不重要。

　　重要的非调整事项虽然与资产负债表日的财务报表数字无关，但是可能影响资产负债表日后企业的财务状况和经营成果，如果不加以说明，就会不利于财务报表使用者做出正确的估计和决策，因此，企业应当适当披露非调整事项。

　　比如，B 公司于 2020 年 2 月 10 日（假设该公司财务报告批准报出日为 3 月 31 日）向 A 公司采购一批货物。B 公司收到货物后发现，这批货物存在严重的质量问题，于是要求退货，而 A 公司不同意 B 公司的退货要求。双方进行了协商，可未有结果。随后，B 公司向法院提起了诉讼，可以估计 B 公司胜诉的可能性极大，但赔偿金的具体数额是不能估计的。之后，直到 B 公司财务报告批准报出日，法院仍未做出判决。

　　该事项发生在资产负债表日之后，不影响资产负债表日企业的财务报表数字，但是对之后年度的财务报表有重大影响，因此，B 公司应在 2019 年度财务报表附注中对该事项进行披露。

　　一般来说，非调整事项包括以下几项内容：

✓ 资产负债表日后发生重大诉讼、仲裁、承诺；

✓ 资产负债表日后资产价格、税收政策、外汇汇率发生重大变化；

✓ 资产负债表日后因自然灾害导致资产发生重大损失；

✓ 资产负债表日后发行股票、债券及其他巨额举债；

✓ 资产负债表日后资本公积转增资本；

✓ 资产负债表日后发生巨额亏损；

✓ 资产负债表日后发生企业合并或处置子公司；

✓ 资产负债表日后，企业利润分配方案中拟分配的及经审议批准宣告发放的股利或利润。

3. 调整事项和非调整事项的区别

　　当一项资产负债表日后事项放在我们面前时，应如何判断它究竟是调整事项还是非调整事项呢？判断依据又是什么呢？其实很简单，若该事项表明的情况在资产负债表日或资产负债表日以前已经存在，则它是调整事项；反之，则是非调整事项。

　　要是你还不是很清楚两者的区别，不妨来看一个例子。

　　如果 A 公司的财务报告批准报出日是 2020 年 3 月 31 日，那么其资产负债表日后事项的涵盖期间为 2020 年 1 月 1 日—3 月 30 日。A 公司于 2019 年 10 月向 B 公司售出一批货物，直到 2019 年 12 月 31 日（资产负债表日）仍未收到货款。下面我们将以此为前提条件，假设两种情景：

　　情景一：B 公司在 2019 年 11 月发生重大火灾，并出现了财务危机。因此，A 公司估计只能从 B 公司收回 50% 的货款，并在编制 2019 年的资产负债表时按 50% 的比例计提坏账准备。2020 年 2 月 10 日，B 公司宣告破产清算，A 公司估计只能收回 30% 的货款。在此情景中，资产负债表日之前，A 公司应收款项已经受到损失；资产负债表日之后，B 公司的破产进一步证实了这一情况。因此，B 公司的破产致使 A 公司的应收账款受到损失的事项属于调整事项。

情景二：直至 2019 年 12 月 31 日，B 公司财务状况良好，A 公司预计可按时收回应收账款。但是，2020 年 2 月 10 日，B 公司发生重大火灾，损失惨重，无力支付全部货款，A 公司只能收回 50% 的货款。在此情景中，火灾造成的 A 公司应收账款受到损失的事项发生在资产负债表日之后，因此该事项属于非调整事项。

财报
小课堂

　　判断资产负债表日后某一事项是调整事项还是非调整事项，是资产负债表日后事项账务处理中的关键问题。在本节中，笔者并没有列举完调整事项和非调整事项的事例，因此在实务中，财务人员应该牢记区分调整事项和非调整事项的判断依据。

2.4.3　调整事项的账务处理原则和非调整事项的披露内容

如果我们能较为准确地判断某一资产负债表日后事项是调整事项还是非调整事项，那么接下来我们就十分有必要来了解一下调整事项的账务处理原则和非调整事项的披露内容。

1. 调整事项的账务处理原则

我们都知道，资产负债表日后事项发生在报告年度的次年，此时报告年度的有关账目已经结转，损益类科目在结账后已无余额，因此，财务人员在处理调整事项时应该遵循下面几个原则。

原则一：涉及损益的事项，通过"以前年度损益调整"科目核算，贷方用于调整增加以前年度利润或调整减少以前年度亏损，借方用于调整减少以前年度利润或调整增加以前年度亏损；然后，将"以前年度损益调整"科目的贷方或借方余额转入"利润分配——未分配利润"科目。

原则二：涉及利润分配的事项，直接在"利润分配——未分配利润"科目核算。

原则三：不涉及损益及利润分配的事项，则调整相关科目。

原则四：处理完上述账务后，应同时调整财务报表相关项目的数字，包括：

✓ 资产负债表日编制的财务报表相关项目的期末数或本年发生数；

✓ 当期编制的财务报表相关项目的期初数或上年数；

✓ 经过上述调整后，如果涉及财务报表附注内容的，还应做出相应调整。

2. 非调整事项的披露内容

企业应当在财务报表附注中披露每项重要的资产负债表日后非调整事项的性质、内容及其对财务状况和经营成果的影响；无法做出估计的，应当说明原因。

资产负债表日后非调整事项包括：

✓ 资产负债表日后发生重大诉讼、仲裁、承诺（该事项对企业有较大影响）；

✓ 资产负债表日后资产价格、税收政策、外汇汇率发生重大变化（该事项对企业资产负债表日后的财务状况和经营成果有重大影响）；

✓ 资产负债表日后因自然灾害导致资产发生重大损失（该事项属于典型的非调整事项）；

✓ 资产负债表日后发行股票、债券及其他巨额举债（该事项的披露能使财务报表使用者了解与此有关的情况及其带来的影响）；

✓ 资产负债表日后资本公积转增资本（该事项将改变企业的资本或股本结构）；

✓ 资产负债表日后发生巨额亏损（该事项将对企业财务报告期以后的财务状况和经营成果产生重大影响）；

✓ 资产负债表日后发生企业合并或处置子公司（该事项会改变企业的股权结构、经营范围等，将对企业未来的生产经营活动产生重大影响）；

✓ 资产负债表日后，企业利润分配方案中拟分配的及经审议批准宣告发放的股利或利润（该事项有可能导致现金大规模流出、企业股权结构变动等）。

资产负债表日后事项虽然没有发生在报告年度，但它们对资产负债表有较大影响，只有正确处理和披露它们，才能让资产负债表的内容更真实、更全面。

实操笔记

【多选题】A 公司的 2019 年度财务报告于 2020 年 3 月 20 日经董事会批准对外报出，那么，其于 2020 年发生的下列事项中，不考虑其他因素，应当作为 2019 年度资产负债表日后调整事项的有（　　）

A. 2 月 10 日，A 公司收到客户退回的 2019 年 6 月销售的部分商品，向客户开具红字增值税发票。

B. 2 月 20 日，A 公司下面的一家子公司发生安全生产事故，该事故造成重大财产损失，同时此子公司被当地安监部门罚款 600 万元。

C. 3 月 15 日，于 2019 年发生的某涉诉案件终审判决，A 公司作为被告须赔偿原告 1600 万元，该金额较 2019 年年末已确认的预计负债多 300 万元。

D. 3 月 18 日，董事会会议通过 2019 年度利润分配预案，拟分配现金股利 6000 万元，以资本公积转增股本，每 10 股转增 2 股。

答案：A、C

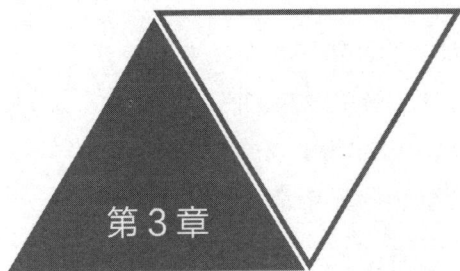

第 3 章

利润表：企业的盈利账

利润表是企业的盈利账，它可以反映企业利润的金额和来源。利润表中的项目是按照"利润＝收入－费用"这一公式排列的，财务人员应该在理解此公式的基础上编制利润表。

♻ 3.1 认识利润表

每到年底，企业的管理者们都很想知道，经过一年的辛苦工作，企业到底赚了多少钱、最赚钱的项目是哪些、成本最高的项目又是哪些、和上一年相比企业的利润是否增加了……了解这些信息，能够帮助他们制订下一年的经营计划，做出合理的经营决策。

那么，企业的管理者们要从什么途径了解上述这些信息呢？其实很简单，一张利润表就能很好地反映企业的经营成果。下面让我们先来认识一下利润表。

3.1.1 什么是利润表

利润表是反映企业在一定会计期间（年度、半年度、季度、月度）生产经营成果的财务报表。企业在一定会计期间的生产经营成果有可能是盈利，也有可能是亏损，因此，利润表也被称为损益表，它可以全面揭示企业在某一会计期间实现的利润或发生的亏损。

利润表是依据"利润＝收入－费用"这一公式编制的，如图 3-1 所示。

利润＝收入－费用

图 3-1　编制利润表所依据的公式

利润表的列示项目可分为收入类项目、费用类项目和利润类项目这三大类。其中，收入类项目包括利息收入、投资收益、净敞口套期收益等；费用类项目包括营业成本、税金及附加、销售费用等；利润类项目包括营业利润、利润总额、净利润等。

3.1.2 利润表的格式和结构

当我们拿到一张利润表时，一般会先从哪里入手？我们要先观察它的格式，并了解它的结构。

1.利润表的格式

一张利润表通常由表头、内容和签章三部分组成。

利润表的表头一般会显示报表名称、企业名称、编制单位名称、编制日期和货币单位等。所以，在拿到利润表以后，我们要先看表头，以此确认这张表是不是自己所需要的。

利润表的内容就是表中所列示的各个项目，每个项目又要显示自己的"本期金额"和"上期金额"。

签章是利润表及其他财务报表所必不可少的部分，有签章的财务报表才是以企业名义发出的、经由财务负责人签署的正式报表。

2.利润表的结构

目前，常见的利润表结构有两种，分别是单步式和多步式，如图 3-2 所示。

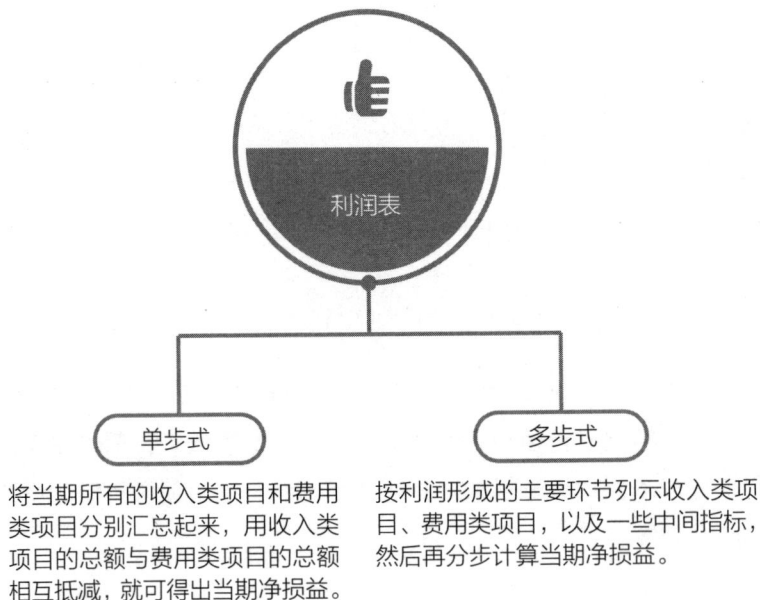

单步式	多步式
将当期所有的收入类项目和费用类项目分别汇总起来，用收入类项目的总额与费用类项目的总额相互抵减，就可得出当期净损益。	按利润形成的主要环节列示收入类项目、费用类项目，以及一些中间指标，然后再分步计算当期净损益。

图 3-2　利润表的两种结构

根据我国的《企业会计制度》的相关规定，企业的利润表应采用多步式结构。相比单步式利润表，多步式利润表有以下三个优势：

第一，多步式利润表可以表明企业在一定会计期间的各种耗费情况，比如营业成本、税金及附加、销售费用、管理费用、财务费用，以及营业外支出等分别有多少。

第二，多步式利润表可以反映企业在一定会计期间获得利润或发生亏损的数额，我们可以据此分析企业的投入产出比。

第三，多步式利润表可以体现企业在一定会计期间收入的实际情况，如企业实现的营业收入、投资收益、营业外收入等分别是多少。

财报
小课堂

将利润表与资产负债表的相关项目结合，可以计算出企业的投资收益率、利润率等，进而据此考核企业的运营成果和企业管理者的工作业绩。此外，将企业的当期利润表与往期利润表进行对比，可以了解企业的发展趋势和盈利能力。

3.1.3 利润表的作用

章先生是一家企业的股东，由于对企业未来的盈利能力很有信心，他产生了追加投资的意向，但是，他不确定应该投资多少，也不知道应该把钱投在哪个项目上。此时，章先生需要一张利润表，通过利润表他可以清楚地知道以下四件事。

1. 企业的经营成果和获利能力

利润表可以解释、评价和预测企业的经营成果和获利能力。其中，经营成果是指营业收入和其他收入抵扣成本、税金等的差额所展示的信息，它可以反映企业财富增长的规模；获利能力是指企业运用经济资源获取经营成果的能力。

2. 企业的偿债能力

利润表可以解释、评价和预测企业的偿债能力。偿债能力是指企业偿还债务的能力，它取决于企业的盈利能力、资产流动性和资本结构。如果企业的盈利能力长期不足，且资产流动性和资本结构比较差，那么企业的偿债能力必然会下降，甚至有可能陷入资不抵债的困境。

3. 优化经营决策的依据

企业的管理者可以通过分析利润表中的各个项目来了解企业收入、费用和利润的变化趋势，进而发现自己在经营管理中存在的问题，并以此为依据优化经营决策。

4. 考核管理人员绩效的依据

利润表可以为企业管理者的绩效考核提供依据。企业管理者承担着制定企业经营策略、把握企业发展方向的重大责任，其工作直接影响着企业的经营成果；反过来，企业的经营成果也能反映企业管理者的工作绩效。利润表中的各项收入、费用、利润的增减变动和它们的变动原因能够客观地反映各部门的绩效及部门管理者的工作得失。当然，企业管理者也可以根据利润表反映出的问题，对工作及时做出调整，让企业的经营状况得到优化。

利润表在企业经营中能够起到不可估量的作用。财务人员应该认真学习和掌握利润表的编制方法；企业的管理者、股东、债权人也应该重视利润表，并学会正确地分析它，进而通过它了解企业的优势和不足。

实操笔记

【写一写】编制利润表所依据的公式是什么？利润表有哪些作用？请在下面写出来。

♻ 3.2　利润表主要项目的排列逻辑和解析

当面对一张空白的利润表时，我们应该如何着手编制它，又应该如何看懂它呢？解决这两个问题的关键是要理解利润表项目的排列逻辑。在本节中，我们将进一步走近利润表，解读其主要项目的排列逻辑及含义。

3.2.1　利润表主要项目的排列逻辑

在一般企业的利润表中，所有的列示项目可以被分为收入类项目、费用类项目和利润类项目三大类。其中，收入类项目按其重要性依次列示，比如营业收入、利息收入、投资收益等；费用类项目按其性质依次列示，如营业成本、税金及附加、销售费用等；利润类项目则按其构成依次列示，比如营业利润、利润总额、净利润等。

根据"利润＝收入－费用"这一公式，我们可以看出利润表中各项目的排列逻辑，因此，我们可以从一张利润表中清楚地看到企业的利润是如何计算出来的。比如，营业利润是由营业收入减去营业成本和各项费用再加上其他各项收益计算出来的，它的计算方法如图3-3所示。

一、营业收入
减：营业成本
税金及附加
销售费用
管理费用
研发费用
财务费用
其中：利息费用
利息收入
加：其他收益
投资收益（损失以"–"号填列）
其中：对联营企业和合营企业的投资收益
以摊余成本计量的金融资产终止确认收益
净敞口套期收益（损失以"–"号填列）
公允价值变动收益（损失以"–"号填列）
信用减值损失（损失以"–"号填列）
资产减值损失（损失以"–"号填列）
资产处置收益（损失以"–"号填列）
二、营业利润（亏损以"–"号填列）

图 3-3　营业利润的计算方法

利润总额是由营业利润加上营业外收入再减去营业外支出得到的，它的计算方法如图 3-4 所示。

二、营业利润（亏损以"–"号填列）
加：营业外收入
减：营业外支出
三、利润总额（亏损总额以"–"号填列）

图 3-4　利润总额的计算方法

净利润是由利润总额减去所得税费用后得出的，它的计算方法如图 3-5 所示。

三、利润总额（亏损总额以"–"号填列）
减：所得税费用
四、净利润（净亏损以"–"号填列）

图 3-5　净利润的计算方法

有了净利润以后，我们就可以据其得到企业的综合收益总额，它是由净利润加上其他综合收益的税后净额计算出的，它的计算方法如图 3-6 所示。

四、净利润（净亏损以"-"号填列）
（一）持续经营净利润（净亏损以"-"号填列）
（二）终止经营净利润（净亏损以"-"号填列）
五、其他综合收益的税后净额
（一）不能重分类进损益的其他综合收益
1. 重新计量设定受益计划变动额
2. 权益法下不能转损益的其他综合收益
3. 其他权益工具投资公允价值变动
4. 企业自身信用风险公允价值变动
……
（二）将重分类进损益的其他综合收益
1. 权益法下可转损益的其他综合收益
2. 其他债权投资公允价值变动
3. 金融资产重分类计入其他综合收益的金额
4. 其他债权投资信用减值准备
5. 现金流量套期储备
6. 外币财务报表折算差额
……
六、综合收益总额

图 3-6 综合收益总额的计算方法

通过上面一系列计算我们可以弄清楚利润表主要项目的排列逻辑，之后，我们就能够大致看懂利润表了。接下来，让我们来详细了解一下利润表的主要项目。

3.2.2 利润表主要项目的解析

接下来笔者列举了利润表的主要项目，并对这些项目进行了一些必要的解释和说明，大家可以对照利润表一一认识它们。

1. 营业收入

营业收入在利润表中排第一位，它包括主营业务收入和其他业务收入。营业收入是企业现金流量的主要来源，更是评价该企业经营状况和盈利能力的重要指标之一。毫无疑问，营业收入是利润表的最为重要的项目，也是企业管理者和投资者最关心的项目。

2. 营业成本

营业成本是指企业所销售商品或所提供劳务的成本，是分析毛利率的基础。营业成本包括主营业务成本和其他业务成本。营业成本应与营业收入进行对比，并以此衡量企业的投入产出比。

3. 税金及附加

税金及附加反映企业经营业务应负担的城镇土地使用税、消费税、资源税、房产税、印花税、车船税、城市维护建设税和教育费附加等相关税费。注意，增值税和企业所得税不属于税金及附加。

4. 销售费用

销售费用是指企业在销售商品或提供劳务的过程中所产生的各项费用。它包括由企业负担的包装费、运输费、装卸费、广告费、租赁费（不包括融资租赁费）等；还包括为销售商品而专设的销售机构所产生的费用，比如，职工工资、职工福利、差旅费、办公费、折旧费、修理费及其他经费等。

5. 管理费用

管理费用是指企业行政管理部门为组织和管理生产经营活动而产生的各种费用，它包括由企业统一负担的公司经费、工会经费、劳动保险费、董事会费、咨询费、诉讼费、业务招待费等。管理费用是企业保持正常运转的基础保障。

6. 研发费用

研发费用是指企业在进行研究和开发的过程中所产生的各项费用。根据《财政部关于企业加强研发费用财务管理的若干意见》中第一条的规定，企业研发费用包括以下内容：

- ✓ 研发活动直接消耗的材料、燃料和动力费用；
- ✓ 企业在职研发人员的工资、奖金、津贴、补贴、社会保险费、住房公积金等人工费用以及外聘研发人员的劳务费用；
- ✓ 用于研发活动的仪器、设备、房屋等固定资产的折旧费或租赁费以及相关固定资产的运行维护、维修等费用；
- ✓ 用于研发活动的软件、专利权、非专利技术等无形资产的摊销费用；
- ✓ 用于中间试验和产品试制的模具、工艺装备开发及制造费，设备调整及检验费，样品、样机及一般测试手段购置费，试制产品的检验费等；

✓ 研发成果的论证、评审、验收、评估以及知识产权的申请费、注册费、代理费等费用；

✓ 通过外包、合作研发等方式，委托其他单位、个人或者与之合作进行研发而支付的费用；

✓ 与研发活动直接相关的其他费用，包括技术图书资料费、资料翻译费、会议费、差旅费、办公费、外事费、研发人员培训费、培养费、专家咨询费、高新科技研发保险费用等。

7. 财务费用

财务费用是指企业为筹集生产经营所需资金等而产生的费用，它包括利息支出（不包括企业筹建期间产生的利息支出）、汇兑净损失、金融机构手续费等。这类费用与营业收入的实现没有明显的因果关系，因此不宜计入营业成本中，而应在"财务费用"账户中进行核算。

财报小课堂

销售费用、管理费用、财务费用被统称为"三费"，它们同属于期间费用。它们在发生当期就计入当期损益，且结转后均无余额。近年来，有企业根据特定意图，通过虚减或虚增费用来操纵利润，我们需要提高警惕。

8. 其他收益

其他收益是指计入其他收益的政府补助，以及其他与日常活动相关且计入其他收益的项目。比如，企业作为个人所得税的扣缴义务人，根据《中华人民共和国个人所得税法》代职工扣缴个人所得税后收到的扣缴税款手续费，应作为其他与企业日常经营活动相关的收益在该项目中填列。

9. 投资收益

投资收益是指企业对外投资所获得的收入（所产生的损失为负数），它包括企业对外投资所获得的股利、债券利息收入及与其他单位联营利润等。

10. 以摊余成本计量的金融资产终止确认收益

该项目反映企业因转让等情形导致终止确认以摊余成本计量的金融资产而产生的利得或损失。

11. 净敞口套期收益

净敞口套期收益反映净敞口套期下被套期项目累计公允价值变动转入当期损益的金额，或现金流量套期储备转入当期损益的金额。

12. 公允价值变动收益

公允价值变动收益是指企业以各种资产（如投资性房地产、交易性金融资产等）的公允价值变动产生的应计入当期损益的利得或损失，即公允价值与账面价值之间的差额。

13. 信用减值损失

信用减值损失反映企业按照《企业会计准则第 22 号——金融工具确认和计量》的要求计提的各项金融工具信用减值准备所确认的信用减值损失。

14. 资产减值损失

资产减值损失是指因资产的可收回金额低于其账面价值而产生的损失。企业资产减值的范围包括对联营企业或合营企业的长期股权投资、采用成本模式进行后续计量的投资性房地产、固定资产、生产性生物资产、无形资产、商誉等。

15. 资产处置收益

资产处置收益反映企业出售划分为持有待售的非流动资产（金融工具、长期股权投资和投资性房地产除外）或处置组[1]（子公司和业务除外）时确认的处置利得或损失，以及处置未划分为持有待售的固定资产、在建工程、生产性生物资产及无形资产而产生的处置利得或损失。此外，在债务重组中因处置非流动资产而产生的利得或损失与在非货币性资产交换中换出非流动资产而产生的利得或损失也包括在本项目内。

---

[1] 处置组，是指在一项交易中作为整体通过出售或其他方式一并处置的一组资产，以及在该交易中转让的与这些资产直接相关的负债。

16. 营业外收入

营业外收入是与企业生产经营活动无直接关系的收入，包括非货币性资产交换利得、出售无形资产收益、处理固定资产净收益、债务重组利得、盘盈利得、教育费附加返还款、罚款收入、捐赠利得等。营业外收入可被视作纯收入，因为它不是由企业经营资金耗费而产生的，所以可不与有关费用进行配比。

17. 营业外支出

营业外支出是与企业业务经营无直接关系的支出。正常经营的企业一般不会产生很多营业外支出，如果企业有营业外支出产生，财务人员应留意其产生的具体原因。

18. 所得税费用

所得税费用是指企业经营利润应交纳的所得税。该项目的金额一般不是当期应交所得税的金额，而是当期所得税和递延所得税金额之和。

19. 持续经营净利润、终止经营净利润

持续经营净利润反映净利润中与持续经营相关的净利润；终止经营净利润反映净利润中与终止经营相关的净利润。这两个项目应按照《企业会计准则第42号——持有待售的非流动资产、处置组和终止经营》的相关规定分别列报。

20. 其他综合收益的税后净额

该项目反映企业未在损益中确认的各项利得或损失扣除所得税后的净额。它包括可供出售金融资产公允价值变动、可供出售外币非货币性项目的汇兑差额、权益法下被投资单位其他所有者权益变动、金融资产重新分类、套期保值等各情况所产生的利得或损失。

21. 不能重分类进损益的其他综合收益

该项目是以后会计期间不能重分类进损益的其他综合收益，它包括重新计量设定受益计划变动额、权益法下不能转损益的其他综合收益、其他权益工具投资公允价值变动、企业自身信用风险公允价值变动等。

22. 将重分类进损益的其他综合收益

该项目是以后会计期间在满足规定条件时将重分类进损益的其他综合收益，

它包括权益法下可转损益的其他综合收益、其他债权投资公允价值变动、金融资产重分类计入其他综合收益的金额、其他债权投资信用减值准备、现金流量套期储备、外币财务报表折算差额等。

23. 每股收益

每股收益是净利润与股本总数的比率，该比率反映了每股股份创造的净利润，该比率越高，说明所创造的利润越多。它是测定股票投资价值的重要指标，是分析每股价值的一个基础性指标，是综合反映企业获利能力的重要指标。

24. 基本每股收益、稀释每股收益

基本每股收益是指普通股股东每持有一股普通股所能享有的企业净利润或需承担的企业净亏损。当开展实际业务时，在上市公司中常常存在一些潜在的、可能转化成上市公司股权的工具，如可转债、认股期权或股票期权等，这些工具有可能在未来的某一时点转化成普通股，从而减少上市公司的每股收益。稀释每股收益就是假设公司存在的可能转化为上市公司股权的工具都在当期全部转换为普通股股份后计算的每股收益。稀释每股收益充分考虑了潜在普通股对每股收益的稀释作用，以反映公司在未来股本结构下的资本盈利水平。

利润表中的每个项目都反映了企业的经营状况和盈利能力，财务人员应该认真核算和填列。

实操笔记

【写一写】学习完本节内容，你是否了解了利润表主要项目的排列逻辑？你知道营业利润是如何计算的吗？请在下面写出来。

♻ **3.3　利润表的编制**

利润表除了有各个列示项目，还有"上期金额"栏和"本期金额"栏，其中，"上期金额"栏的填列方法非常简单，只需要根据上年同期利润表的"本期金额"栏中的数字填列即可。如果本期利润表中的项目和上年同期利润表中的项目不一致，则应先按本期的规定，对上年同期的利润表进行调整，然后再将对应的数字对照填入本期利润表中的"上期金额"栏。"本期余额"栏的填列方法则要复杂些，它需要财务人员根据相应总账和明细账科目进行计算与填列。接下来让我们来一起看一看，利润表主要项目的计算方法及"本期金额"栏的填列方法。

3.3.1　利润表主要项目的计算方法

在上一节中，我们已经了解了利润表主要项目的排列逻辑，通过该排列逻辑，我们可以得出营业利润、利润总额、净利润等利润表主要项目的计算方法。利润表主要项目的计算方法如图3-7所示。

营业利润

营业利润＝营业收入－营业成本－税金及附加－销售费用－管理费用－研发费用－财务费用－利息费用－信用减值损失－资产减值损失＋利息收入＋其他收益＋以摊余成本计量的金融资产终止确认收益 ± 投资收益（损失）± 净敞口套期收益（损失）± 公允价值变动收益（损失）± 资产处置收益（损失）

利润总额

利润总额＝营业利润＋营业外收入－营业外支出

净利润

净利润＝利润总额－所得税费用

其他综合收益的税后净额

其他综合收益的税后净额＝未在损益中确认的各项利得－未在损益中确认的各项损失－所得税影响额

综合收益总额

综合收益总额＝净利润＋其他综合收益的税后净额

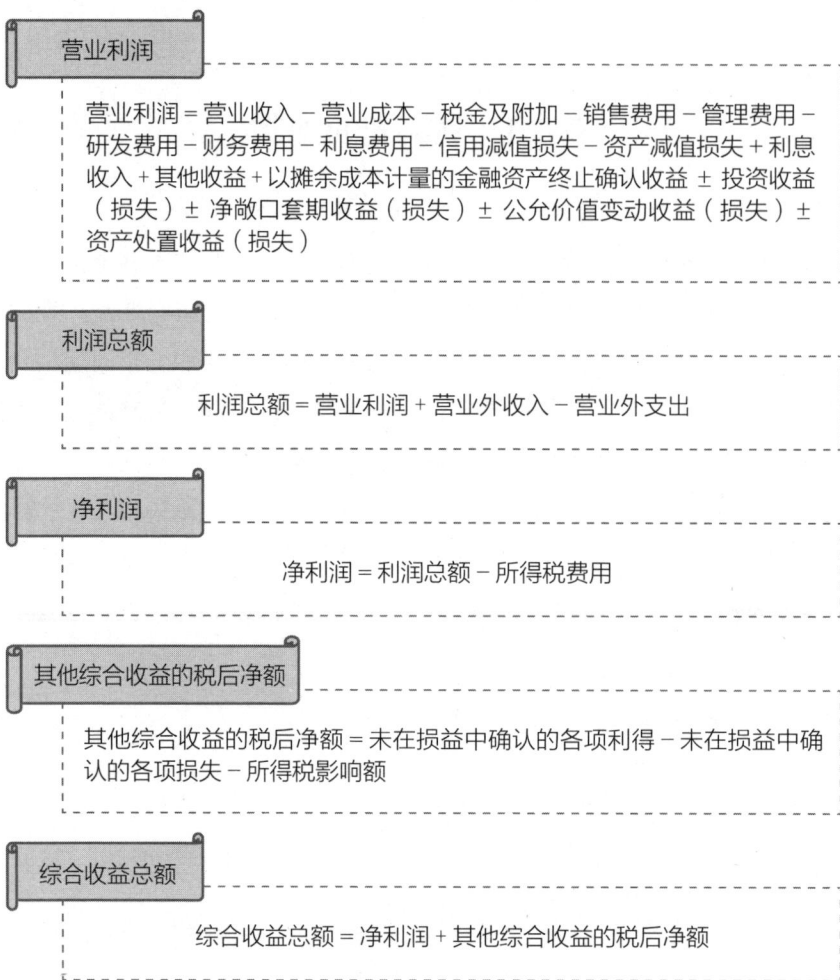

图 3-7　利润表主要项目的计算方法

3.3.2　利润表"本期金额"栏的填列方法

一般来说，财务人员需根据各损益类科目和所有者权益类有关科目的发生额来填列利润表。接下来让我们详细了解一下利润表"本期金额"栏的填列方法，如表 3-1 所示。

表 3-1　利润表"本期金额"栏的填列方法（表中"－"表示"减"，"+"表示"加"，"×"
表示"乘"，"/"表示"除"）

项目	本期金额
一、营业收入	根据"主营业务收入""其他业务收入"账户的累计发生额分析填列
减：营业成本	根据"主营业务成本""其他业务成本"账户的累计发生额分析填列
税金及附加	根据"税金及附加"账户的发生额分析填列
销售费用	根据"销售费用"账户的发生额分析填列
管理费用	根据"管理费用"账户的发生额分析填列
研发费用	根据"管理费用"账户下的"研究费用"明细科目的发生额，以及"管理费用"账户下的"无形资产摊销"明细科目的发生额分析填列
财务费用	根据"财务费用"账户的发生额分析填列
其中：利息费用	根据"财务费用"账户的相关明细科目的发生额分析填列
利息收入	根据"财务费用"账户的相关明细科目的发生额分析填列
加：其他收益	根据"其他收益"账户的发生额分析填列
投资收益（损失以"－"号填列）	根据"投资收益"账户的发生额分析填列
其中：对联营企业和合营企业的投资收益	对"投资收益"账户的本期发生额进行分析，将其中对联营企业和合营企业的投资收益计算后据实填列
以摊余成本计量的金融资产终止确认收益	根据"投资收益"账户的相关明细科目的发生额分析填列
净敞口套期收益（损失以"－"号填列）	根据"净敞口套期损益"账户的发生额分析填列
公允价值变动收益（损失以"－"号填列）	根据"公允价值变动损益"账户的发生额分析填列
信用减值损失（损失以"－"号填列）	根据"信用减值损失"账户的发生额分析填列
资产减值损失（损失以"－"号填列）	资产减值损失＝资产账面价值－资产可收回金额资产账面价值＝资产账面余额－已提坏账准备
资产处置收益（损失以"－"号填列）	根据"资产处置损益"账户的发生额分析填列

项目	本期金额
二、营业利润（亏损以"–"号填列）	
加：营业外收入	根据"营业外收入"账户的发生额分析填列
减：营业外支出	根据"营业外支出"账户的发生额分析填列
三、利润总额（亏损总额以"–"号填列）	
减：所得税费用	所得费用＝（会计利润总额＋纳税调增项目－纳税调减项目）×适用税率
四、净利润（净亏损以"–"号填列）	
（一）持续经营净利润（净亏损以"–"号填列）	按照《企业会计准则第42号——持有待售的非流动资产、处置组和终止经营》的相关规定分别列报
（二）终止经营净利润（净亏损以"–"号填列）	
五、其他综合收益的税后净额	实行分类列报的方式，即按照前述其他综合收益的大类项下分子项目进行列示
（一）不能重分类进损益的其他综合收益	
1. 重新计量设定受益计划变动额	根据"其他综合收益"账户的相关明细科目的发生额分析填列
2. 权益法下不能转损益的其他综合收益	根据"其他综合收益"账户的相关明细科目的发生额分析填列
3. 其他权益工具投资公允价值变动	根据"其他综合收益"账户的相关明细科目的发生额分析填列
4. 企业自身信用风险公允价值变动	根据"其他综合收益"账户的相关明细科目的发生额分析填列
……	
（二）将重分类进损益的其他综合收益	
1. 权益法下可转损益的其他综合收益	根据"其他综合收益"账户的相关明细科目的发生额分析填列
2. 其他债权投资公允价值变动	根据"其他综合收益"账户的相关明细科目的发生额分析填列
3. 金融资产重分类计入其他综合收益的金额	根据"其他综合收益"账户的相关明细科目的发生额分析填列

续表

项目	本期金额
4. 其他债权投资信用减值准备	根据"其他综合收益"账户的"信用减值准备"明细科目的发生额分析填列
5. 现金流量套期储备	根据"其他综合收益"账户的"套期储备"明细科目的发生额分析填列
6. 外币财务报表折算差额	根据"其他综合收益"账户的相关明细科目的发生额分析填列
……	
六、综合收益总额	
七、每股收益	每股收益 = 净利润 / 股本总数
（一）基本每股收益	基本每股收益 = 归属于普通股股东的当期净利润 / 发行在外普通股的加权平均数
（二）稀释每股收益	稀释每股收益 = （净利润 + 假设转换时增加的净利润）/（发行在外普通股加权平均数 + 假设转换所增加的普通股股数加权平均数）

财务人员在填列利润表"本期金额"栏时，不仅要牢记其主要项目的计算方法，还要仔细对照各损益类科目的账户和所有者权益类有关科目的发生额来分析填列其他项目，并做到真实和准确。牢记上述这些内容就能编制出合格的利润表。

实操笔记

【单选题】在利润表中，利润总额减去（　　）就可得到净利润。

A. 应交所得税　　　B. 利润分配数

C. 销售费用　　　　D. 所得税费用

答案：D

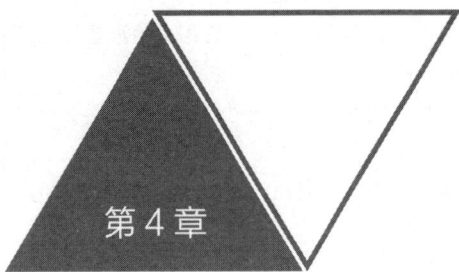

第 4 章

现金流量表：企业现金收支的流水账

现金流量表是企业现金收支的流水账，通过它，我们可以了解企业现金流的来源和去处。财务人员要掌握现金流量表的两大编制方法和六大编制原则，只有这样才能正确编制现金流量表。

♻ 4.1 认识现金流量表

说到企业运营，为什么有的企业能大获全胜，有的企业却折戟沉沙？其实，导致企业运营失败的原因有很多，但现金流断裂是其中最常见的。

对大多数企业来说，收入不是每天都有的，销售产品所得的货款也不一定能马上收回，但支出不会有一丝一毫的减少——水电费、电话费、厂房的租赁费、日常管理费、设备维修费、客户招待费等费用随时都需要支付。如果没有充足的、可供支配的资金，企业的运营很有可能陷入困境。

在吸取了无数的经验和教训以后，管理者们都十分重视企业的现金流。充沛的现金流是企业健康、稳定发展的保证：一方面它可以让企业时刻把握投资的良机；另一方面它也可以降低企业陷入债务危机的风险。

现金流量表是企业现金流的"体检报告"，它可以反映出企业资产的好坏，以及企业现金流的健康状况。

4.1.1 什么是现金流量表

现金流量表是反映一定会计期间的企业经营活动、投资活动和筹资活动对其现金及现金等价物所产生影响的财务报表。通过现金流量表，我们可以了解某一特定时期内企业现金的增减变动情形。

现金流量表的"现金"有其特定的含义，这里的"现金"包括企业的库存现金、可随时用于支付的银行存款及现金等价物。

1. 库存现金

库存现金是指企业所持有的、可以随时用于支付的现金，与会计核算中的"现金"科目所包含的内容一致。

2. 银行存款

银行存款是指企业存放在银行等金融机构的货币资金。会计核算中的"银行存款"科目包括可以随时用于支付的存款，以及提前通知银行等金融机构就能支取的定期存款，这部分资金属于现金流量表中的"现金"；它还包括不能随时用于支付，也不能提前支取的存款，但是这部分资金不属于现金流量表中的"现金"。

3. 现金等价物

现金等价物是指企业持有的期限短、流动性强、易于转换为已知金额现金、价值变动风险很低的投资。它通常指购买的将在 3 个月内或更短时间内到期、可转换为现金的投资，比如，即将到期的应收票据、即将到期的交易性金融投资等。

通过一个例子，我们能更直观地理解什么是现金等价物。2019 年 4 月某企业利用闲置资金购买了 2017 年 6 月 1 日发行的期限为 3 年的国债，在购买时，国债离到期还有一个多月，那么这项投资就属于现金等价物。

世界上许多国家都要求企业编制现金流量表，我国《企业会计准则第 31 号——现金流量表》也对现金流量表的编制做出了规定。现金流量表已成为我国企业对外报送的重要报表之一，它对国内企业开展跨国经营和境外筹资起到十分重要的作用。

4.1.2　现金流量表的作用

现金流量表是企业现金流的"体检报告"，使用者可以通过它衡量企业的现金流状况。具体来说，现金流量表可以起到以下五个方面的作用。

1. 反映在一定时期内企业现金的流入和流出

在现金流量表中，现金流是按照流入和流出的项目分类列示的。因此，我们可以从现金流量表中看出在一定时期内企业现金的流入和流出，即现金从哪里来、到哪里去，这样的信息是资产负债表和利润表无法提供的。

在当期内企业从银行借款 500 万元，并偿还利息 3 万元，于是，在现金流量表中会反映出下面的信息：取得借款收到的现金为 500 万元，分配股利、利润或偿付利息支付的现金为 3 万元。

2. 反映企业偿还债务和支付股利的能力

在通常情况下，财务报表使用者会比较关注企业的获利能力，并根据获利能力来推断企业偿还债务和支付股利的能力（以下简称偿债和支付能力）。不过，即使企业在一定时期内获得了可观利润，这也并不代表企业真的具有偿债和支付能力。

有的企业通过利润表反映出的经营成果十分可观，可实际上它却出现了财务困难，也没有足够的偿债和支付能力；还有的企业通过利润表反映出的获利能力并不强，但却有足够的偿债和支付能力。造成上述现象的原因有很多，如会计核算中的权责发生制原则[1]和配比原则[2]等。但是，现金流量表可以真实地反映企业的现金流状况，使用者可以根据现金流状况来分析企业的偿债和支付能力。

3. 反映企业未来获取现金的能力

现金流量表可以反映企业未来获取现金的能力。比如，A公司2019年的现金流量表显示其取得借款收到的现金金额为200万元，这意味着A公司在未来偿还借款时会有现金流出；又比如，B公司2019年的现金流量表显示其购建固定资产、无形资产和其他长期资产收回的现金净额为200万元，这意味着B公司在未来收到相应的投资收入时会有现金流入。

4. 分析企业的投资、理财活动对经营成果和财务状况的影响

资产负债表、利润表和现金流量表之间存在着钩稽关系，它们可以相互验证、相互补充。

资产负债表可以提供企业一定时期的财务状况，但它提供的信息是静态的，且不能反映出财务状况变动的原因。同时，从资产负债表中，我们也无法看出资产给企业带来了多少现金，或负债让企业消耗了多少现金。

利润表虽然是动态报表，且反映企业一定时期的经营成果，但它只能反映利润的构成，并不能反映经营活动、投资活动和筹资活动给企业带来了多少现

---

[1] 权责发生制原则是指以取得收到现金的权利或支付现金的责任的发生为标志来确认本期收入、费用、债权、债务的会计原则。它以收入和费用应不应该计入本期为标准来确定收入和费用的配合关系，而不考虑收入是否收到或费用是否支付。

[2] 配比原则是指某一个会计期间的收入与费用应当按照它们之间的内在联系相互配合，借以计算、确定本期损益的会计原则。

金或让企业消耗了多少现金。最重要的是，利润表无法全面地反映企业所有的投资活动和筹资活动。

现金流量表则提供了企业一定时期的现金流入和流出的动态财务信息，能够反映经营活动、投资活动和筹资活动让企业消耗了多少现金，从中我们可以看出资产、负债、净资产变动的原因。因此，借助现金流量表，我们可以分析企业的投资理财活动对其财务状况和经营成果的影响。

财报
小课堂

资产负债表、利润表和现金流量表之间的部分钩稽关系：

✓ 资产负债表中的分配利润发生额＝利润表中的本期净利润

✓ 资产负债表中的货币资金的发生额＝现金流量表中的本期现金及现金等价物净增加额

✓ 现金流量表中的本期销售商品和提供劳务收到的现金＝利润表中的营业收入－销售退回和销售折让[1]全额＋资产负债表中的应收账款发生额（不扣除坏账准备）＋资产负债表中的应收票据发生额＋资产负债表中的预收款项发生额

✓ 资产负债表中除现金及现金等价物之外的其他各项流动资产和流动负债的增加（减少）额＝现金流量表中各相关项目的减少（增加）额。

5. 能够提供不涉及现金的投资和筹资活动的信息

现金流量表除了能反映与现金有关的投资和筹资活动，还能通过补充资料提供不涉及现金的投资和筹资活动的信息，可以使使用者更全面地了解和分析企业的投资和筹资活动。

如果说现金是企业的"血液"，那么现金流量表就是企业的"验血报告"，我们可以从中了解企业资产的好坏及企业现金流是否充裕。所以，企业财务人

---

[1] 销售退回是指企业销售出的商品由于质量、到货时间、品种等不符合要求而发生的退货；销售折让是指企业因售出商品的质量不合格等原因而在售价上给予的减让。

员必须学会正确编制现金流量表；而股东、债权人和管理者等都必须能看懂现金流量表。

实操笔记

【写一写】学习完本节内容，你知道现金流量表中的"现金"包括什么吗？请在下面写出来。

♻ 4.2 现金流量表的结构和主要项目的解析

在学习编制和分析现金流量表之前，先让我们来了解一下我国一般企业现金流量表的结构。

4.2.1 现金流量表的结构

现金流量表一般分为主表和补充资料两部分，下面让我们来分别了解一下这两部分。

1. 主表

主表可分为表头部分和主体部分：表头部分的信息包括报表名称、编制单位、编制日期、货币单位；主体部分则分别反映了经营活动产生的现金流量、投资活动产生的现金流量、筹资活动产生的现金流量、现金及现金等价物净增加额。

2. 补充资料

除了现金流量表主表所反映的信息，企业还应该在现金流量表的补充资料中反映三项信息。现金流量表的补充资料应反映的三项信息如图 4-1 所示。

1	2	3
将净利润调节为经营活动现金流量	不涉及现金收支的投资和筹资活动	现金及现金等价物净增加情况

图 4-1 现金流量表的补充资料应反映的三项信息

下面让我们来详细了解一下现金流量表的补充资料应反映的三项信息。

（1）将净利润调节为经营活动现金流量

在将净利润调节为经营活动现金流量时，需要对四大类项目进行调整：

✓ 实际没有支付现金的费用；

✓ 实际没有收到现金的收益；

✓ 不属于经营活动的损益；

✓ 经营性应收、应付项目的增减变动。

（2）不涉及现金收支的投资和筹资活动

这项信息可以反映企业在一定时期内影响资产或负债但不形成该期现金收支的所有投资和筹资活动的信息。这些投资和筹资活动虽然不涉及现金收支，但对以后各期的现金流量有重大影响。比如，在融资租入某设备后，某企业将由此形成的负债计入资产负债表中的"长期应付款"项目，不需要当期支付租金，但以后各期必须支付现金，即这笔负债成为该企业一段时期内的一笔固定现金支出，所以，该企业应当在其当期的现金流量表的补充资料中反映这项融资（筹资）活动。这个例子告诉我们，企业应该在现金流量表的补充资料中反映不涉及当期现金收支，但影响企业财务状况或企业未来现金流量的投资和筹资活动，其中，这类投资和筹资活动通常包括：

✓ 债务转为资本——反映企业本期转为资本的债务金额；

✓ 一年内到期的可转换公司债券——反映企业一年内到期的可转换公司债券的本息；

✓ 融资租入固定资产——反映企业本期融资租入的固定资产。

（3）现金及现金等价物净增加情况

企业应在现金流量表补充资料中反映现金及现金等价物净增加情况，主要包括：

✓ 现金及现金等价物的构成与其在资产负债表中的相应金额；

✓ 企业持有但不能由母公司或集团内其他子公司使用的大额现金及现金等价物。

企业持有大额现金及现金等价物，但母公司和集团内其他子公司不能使用的情形有很多。比如，A集团的某境外子公司受当地外汇管制或其他立法的限制，该子公司的某些大额现金及现金等价物，不能由母公司或其他子公司正常使用。

以上就是现金流量表的结构，下面我们来对它的主要项目进行解析。

4.2.2　现金流量表主要项目的解析

企业在一定会计期间内的现金流量可分为以下三大类别：

✓ 经营活动产生的现金流量；

✓ 投资活动产生的现金流量；

✓ 筹资活动产生的现金流量。

现金流量表中所列示的项目被划分到上述三种类别中，我们可以通过它们了解企业经营活动、投资活动和筹资活动产生的现金流量。

1. 经营活动产生的现金流量

经营活动是指除企业投资和筹资活动以外的所有交易和事项。由于行业不同，企业对经营活动的认定也有所不同。比如，工商企业的经营活动主要包括销售商品、提供劳务、购买商品、接受劳务、支付税费等；商业银行的经营活动主要包括吸收存款、发放贷款、同业存放、同业拆借等；保险公司的经营活动主要包括原保险 [1] 业务和再保险 [2] 业务。

经营活动产生的现金流量主要包括因销售商品或提供劳务、购买商品或接受劳务、支付工资、支付税费等事项流入和流出的现金及现金等价物。

经营活动产生的现金流量所包含的主要项目如表 4-1 所示。

表 4-1　经营活动产生的现金流量所包含的主要项目

主要项目	说明
销售商品、提供劳务收到的现金	该项目反映企业销售商品、提供劳务实际收到的现金
收到的税费返还	该项目反映企业收到返还的各种税费，如收到返还的增值税、消费税、营业税、所得税、教育费附加返还款等

[1] 原保险又称第一次保险，是指保险人对被保险人因保险事故所致的损失直接承担原始赔偿责任的保险。

[2] 再保险是保险人在原保险合同的基础上，通过签订分保合同，将其所承保的部分风险和责任转移给其他保险人的行为，即"保险人的保险"。

主要项目	说明
收到其他与经营活动有关的现金	该项目反映企业除上述各项目以外收到的其他与经营活动有关的现金流入，如罚款收入、流动资产损失中由个人赔偿的现金收入等
购买商品、接受劳务支付的现金	该项目反映企业购买商品、接受劳务实际支付的现金，既包括本期购入商品、接受劳务支付的现金；也包括本期支付前期购入商品、接受劳务的未付款项和本期预付款项
支付给职工和为职工支付的现金	该项目反映企业实际支付给职工和为职工支付的工资、奖金、各种津贴和补贴等（含为职工支付的养老、失业等各种保险和其他福利费用），但不含为离退休人员支付的各种费用和在建工程人员的薪酬
支付的各项税费	该项目反映企业按规定支付的各种税费和有关费用，但不包括本期退回的增值税、消费税、营业税、所得税等，本期退回的上述税费在"收到税费返还"项目中反映；也不包括计入固定资产价值实际支付的固定资产投资方向调节税、耕地占用税等
支付其他与经营活动有关的现金	该项目反映企业支付的罚款、差旅费、业务招待费、保险费，以及经营租赁支付的现金等其他与经营活动有关的现金流出

2. 投资活动产生的现金流量

投资活动是指企业长期资产的购建和不包括在现金等价物范围内的投资及其处置活动。长期资产包括无形资产、固定资产、递延资产、其他资产等持有期限在一年或一年以上的资产。不同行业对投资活动的认定也有所不同。比如，因交易性金融资产而产生的现金流量，对于工商企业来说属于投资活动产生的现金流量；但对于证券公司来说属于经营活动产生的现金流量。

投资活动产生的现金流量主要包括因投资、购建和处置固定资产、无形资产等事项，或因处置子公司及其他营业单位等事项流入和流出的现金及现金等价物。

投资活动产生的现金流量所包含的主要项目如表 4-2 所示。

表4-2 投资活动产生的现金流量所包含的主要项目

主要项目	说明
收回投资收到的现金	该项目反映企业出售、转让或到期收回除现金等价物以外的交易性金融资产、长期股权投资及持有至到期投资本金等而收到的现金。它不包括持有至到期投资收回的利息及收回的非现金资产
取得投资收益收到的现金	该项目反映企业因股权性投资而分得的现金股利,因债权性投资取得的现金利息收入。股票股利由于不产生现金流量而不在此项目中反映
处置固定资产、无形资产和其他长期资产收回的现金净额	该项目反映处置固定资产、无形资产和其他长期资产收回的现金扣除相关费用后的净额
处置子公司及其他营业单位收到的现金净额	该项目反映在丧失对子公司及其他营业单位控制权(因而不再将其纳入合并报表范围)的当期,所收到的处置现金对价[1]减去该子公司及其他营业单位在处置日所持有的现金及现金等价物和相关处置费用之后的净额
收到其他与投资活动有关的现金	该项目反映企业除上述各项目以外收到的其他与投资活动有关的现金流入
购建固定资产、无形资产和其他长期资产支付的现金	该项目反映企业购建固定资产、取得无形资产和其他长期资产所支付的现金。其中,企业为购建固定资产支付的现金不包括购建固定资产的借款利息支出和融资租入固定资产的租赁费
投资支付的现金	该项目反映企业在现金等价物以外进行交易性金融资产、长期股权投资、持有至到期投资所实际支付的现金,包括支付佣金、手续费等附加费付的现金;不包括当企业购买股票和债券时,在实际支付的价款中包含的已宣告但尚未领取的现金股利或已到付息期但尚未领取的债券利息
取得子公司及其他营业单位支付的现金净额	该项目反映在非同一控制下企业合并(含《企业会计准则第20号——企业合并》及《〈企业会计准则第20号——企业合并〉应用指南》中所定义的"业务合并")及同一控制下吸收合并或业务合并发生的当期,购买方以现金方式支付的合并对价[2],减去被购买(合并)的子公司或其他营业单位于购买日(或合并日)所持有的现金及现金等价物之后的净额
支付其他与投资活动有关的现金	该项目反映企业除上述各项目以外支付的其他与投资活动有关的现金流出

---

[1] 对价原本是英美合同法中的重要概念,其内涵是一方为换取另一方做某事的承诺而向另一方支付的金钱代价或得到该种承诺的代价。现金对价是指非流通股股东以现金作为对价送给股权登记日登记在册流通股股东以换取流通权的一种对价方式。

[2] 合并对价是取得被投资企业股权所付出的现金资产、非现金资产或者所承担的债务。

3.筹资活动产生的现金流量

筹资活动是指导致企业资本及债务规模和构成发生变化的活动。资本既包括实收资本[1]；也包括资本溢价[2]；债务则专指外债，包括向银行借款、发行债券等。

筹资活动产生的现金流量主要包括因吸收投资、借款、融资、发行股票、分配利润、偿还债务等事项流入和流出的现金及现金等价物。

筹资活动产生的现金流量所包含的主要项目如表 4-3 所示。

表 4-3 筹资活动产生的现金流量所包含的主要项目

主要项目	说明
吸收投资收到的现金	该项目反映企业收到的投资者投入的现金，包括以发行股票、债券等筹集资金的方式实际收到的款项净额（发行收入减去支付的佣金等发行费用后的净额）
取得借款收到的现金	该项目反映企业举借各种短期借款、长期借款而收到的现金
收到其他与筹资活动有关的现金	该项目反映企业除上述各项目以外收到的其他与筹资活动有关的现金流入
偿还债务支付的现金	该项目反映企业以现金偿还债务的本金，包括偿还金融机构的借款本金、偿还到期的债券本金等
分配股利、利润或偿付利息支付的现金	该项目反映企业实际支付的现金股利、支付给投资者的利润或用现金支付的借款利息、债券利息等
支付其他与筹资活动有关的现金	该项目反映企业除上述各项目以外支付的其他与筹资活动有关的现金流出，例如，发行股票债券所支付的审计、咨询等费用
四、汇率变动对现金及现金等价物的影响	该项目反映企业的外币现金流量发生日所采用的汇率与期末汇率的差额对现金的影响数额

---

[1] 实收资本是指企业实际收到的投资者投入的资本。按投资主体可将其分为国家资本、集体资本、法人资本、个人资本、港澳台资本和外商资本等。

[2] 资本溢价是指有限责任公司投资者交付的出资额大于按合同、协议所规定的出资比例计算的部分，是资本公积金的组成部分之一。

财报
小课堂

　　除企业日常活动事项以外，那些不常发生的事项，如自然灾害、保险赔偿、捐赠等，应根据其造成损失的资产的类别来将损失划分为相应类别，并在现金流量表中单独反映。比如，一家企业因洪灾而出现了损失，如果损失的是流动资产，那么此损失应被划分为经营活动产生的现金流量；如果损失的是固定资产，那么此损失应被划分为投资活动产生的现金流量。

　　以上就是现金流量表主要项目的解析，财务人员应该透彻地理解现金流量的三大类别，并学会将各类事项划分到其所属的类别。

实操笔记

【单选题】现金流量的三大类别是（　　）

A. 现金流入、现金流出和流入流出净额

B. 期初余额、期末余额和当期发生额

C. 投资活动产生的现金流量、经营活动产生的现金流量和筹资活动产生的现金流量

D. 营业收入、净利润和营业活动产生的现金流量

答案：C

♻ 4.3　现金流量表的编制方法和编制原则

在着手编制现金流量表之前，大家不妨先回顾一下资产负债表和利润表：资产负债表中的数字反映资产、负债和所有者权益的期末余额；利润表中的数字则反映企业损益类项目的发生额。在前文中，我们了解到，现金流量表和资产负债表、利润表之间存在钩稽关系，因此，财务人员在编制现金流量表时应该结合资产负债表和利润表，要综合考虑资产负债表的期末余额、发生额和利润表的发生额。

鉴于现金流量表具备上述的特殊性，我们在编制它时需要用到两种方法：直接法和间接法。

4.3.1　现金流量表的两大编制方法

什么是直接法？什么是间接法？我们可以通过一个例子来对它们做一下区分。小王到超市买了一大堆食物，他想将这些食物分类储存，并决定先从饮料开始。此时，小王可以用两种方法把所有的饮料找出来：第一种方法是直接法，即将牛奶、可乐、果汁、酸奶、奶茶、咖啡等逐项列举出来；第二种方法是间接法，也叫排除法，即逐个排除非饮料的食物，那么剩下的就是饮料了。

相信通过这个例子，大家一定能够更形象地理解直接法和间接法。那么，直接法和间接法在会计实务中是如何被应用的呢？

1. 直接法

直接法就是通过现金收入和现金支出的主要类别反映企业经营活动产生的现金流量。

我们都知道，现金流量表的项目可分为经营活动产生的现金流量、投资活动产生的现金流量、筹资活动产生的现金流量。在用直接法编制现金流量表时，投资、筹资活动产生的现金流量比较容易计算，只要知道现金流量由哪些项目构成，就可以直接计算出来了；但经营活动每时每刻都在发生，涉及的现金流量十分复杂，比较容易出错，因此财务人员要做到严谨、仔细。

　　关于企业经营活动产生的现金流量的信息，既可以从企业的会计记录中直接获得，也可以通过调整利润表中与经营活动相关的项目获得。获得企业经营活动产生的现金流量信息的途径如图4-2所示。

（1）企业的会计记录

（2）根据以下项目对利润表中的营业收入、营业成本及其他项目进行调整：

　　✓ 当期存货及经营性应收和应付项目的变动；
　　✓ 固定资产折旧、无形资产摊销等其他非现金项目；
　　✓ 属于投资或筹资活动产生的现金流量的其他非现金项目。

图4-2　获得企业经营活动产生的现金流量信息的途径

　　直接法能够全面地反映出企业一定时期的现金收支全貌。相比间接法，运用直接法编制的现金流量表更为精准，因此，我国颁布的《企业会计制度》要求企业运用直接法编制现金流量表的主表。

　　2. 间接法

　　现金流量表的主表要用直接法编制，它的补充资料则需要用间接法来编制。间接法就是通过将企业非现金交易、过去或未来经营活动产生的现金收入或支出的递延或应计项目，以及与投资或筹资活动产生的现金流量相关的收益或费用项目对净损益的影响进行调整，以此来反映企业经营活动产生的现金流量。

　　在用间接法编制现金流量表的补充资料时，应该以利润表中的净利润为起点，通过调整某些相关项目后得出经营活动产生的现金流量。间接法可以揭示企业净利润与现金净流量的差异，让财务人员、企业管理者等可以从现金流量的角度来分析企业净利润的质量。

　　直接法和间接法各有特点，财务人员一般运用直接法编制现金流量表的主表，运用间接法编制现金流量表的补充资料，这样做可以兼顾两种方法的长处和作用。

4.3.2 现金流量表的六大编制原则

财务人员在编制现金流量表时，除了要讲究方法，还要遵循以下六大原则。

1. 分类反映原则

为了给使用者提供有效的信息，便于其将现金流量表与其他财务资料进行对比分析，财务人员在编制现金流量表时应该分别反映经营活动产生的现金流量、投资活动产生的现金流量和筹资活动产生的现金流量，以及它们相抵后的净额。现行的一般企业现金流量表模板在列示项目时就遵循了分类反映原则。

2. 总额反映与净额反映灵活运用原则

在编制现金流量表的过程中，我们会遇到两个概念——现金流量总额和现金流量净额。现金流量总额是指现金流入和流出总额；而现金流量净额是指现金流入和流出相抵后的净额。一定时期的现金流量一般可以通过现金流量总额或现金流量净额来反映，但现金流量以总额反映比以净额反映所提供的信息更为全面。因此，在通常情况下，现金流量应以总额反映。

但是，下列两类项目一般选择以净额反映：

第一类是某些金额不大的项目，比如，企业出售某个设备的现金收入和相关的现金支出可以相抵后以净额反映；

第二类是不反映企业自身的交易或事项的现金流量项目，比如，银行吸收开户单位活期存款的承兑和偿付，其并不属于企业自身业务的现金流量项目，可以以净额反映。

3. 合理划分现金流量的类别

经营活动产生的现金流量、投资活动产生的现金流量和筹资活动产生的现金流量的划分一般依据对企业各个交易或事项的分类，但有些交易或事项并不是很好划分，比如，利息收入和股利收入、利息支出和股利支出究竟属于经营活动产生的现金流量，还是属于投资、筹资活动产生的现金流量？对于这个问题，业界一直都有不同的观点。在我国，财务人员一般会按习惯将利息收入和股利收入划分为投资活动、把利息支出和股利支出划分为筹资活动。可是又有新的问题出现了，有些现金收支可能具有多种现金流量的特征，其所属类别需要根据实际情况来甄别。比如，我们很难区分实际缴纳的所得税究竟是经营活动产生的现金流量，还是投资、筹资活动产生的现金流量，其实，在会计实务中一般将其划分为经营活动产生的现金流量；再比如，我们在前文中提到过自然灾害所造成的损失，我们可以根据损失资产的类别来对其进行划分，如果损失的是流动资产，那么此损失应被划分为经营活动产生的现金流量；如果损失的是固定资产，那么此损失应被划分为投资活动产生的现金流量。

企业在划分现金流量的类别时，如果遇到某些不好划分的事项，应该根据其性质和实际情况来操作。

4. 外币现金流量应当折算为人民币反映

企业的外币现金流量及其境外子公司的现金流量，应先以现金流量发生日的汇率或加权平均汇率折算成人民币，然后再将折算为人民币后的现金流量反映在现金流量表中。"汇率变动对现金及现金等价物的影响"是调节项目，在现金流量表中单独列示。

5. 重要性原则

重要性原则是指在会计核算的过程中对交易或事项应根据其重要程度采用不同的核算方式，对于某些不重要的交易或事项，财务人员可以采取灵活的方法进行处理。比如，某企业收到的租金不多，那么其财务就不需要在现金流量表中专门设置"收到的租金"项目，可以将其并入"收到其他与经营活动有关的现金"项目中。

6. 在补充资料中反映不涉及现金的投资、筹资活动

不涉及现金的投资、筹资活动一般不在现金流量表中反映，因为它们不影响企业的现金流量。但是，如果某些投资、筹资活动不涉及现金，可其牵涉的资金数额很大，不反映将影响使用者对企业经营情况的正确判断，那么根据《企业会计制度》的规定，应将其反映在现金流量表的补充资料中。

以上就是现金流量表的两大编制方法和六大编制原则，只有在充分了解它们的情况下，我们才能着手编制现金流量表。

实操笔记

【写一写】学习完本节内容，你知道什么是直接法和间接法吗？请在下面举例说明。

_____

_____

_____

♻ **4.4 现金流量表主表的编制**

通过上一节的学习我们知道，现金流量表主表的编制方法是直接法，下面让我们看一看该具体如何运用它。现金流量表中的各个项目需要填列"上期金额"栏和"本期金额"栏："上期金额"栏按上期现金流量表的"本期金额"栏中的数字填列；而"本期金额"栏则使用直接法填列。现金流量表"本期金额"栏的填列方法如表4-4所示。

表4-4　现金流量表"本期金额"栏的填列方法（表中"–"表示"减"，"+"表示"加"）

项目	填列方法
一、经营活动产生的现金流量：	
销售商品、提供劳务收到的现金	根据"主营业务收入""其他业务收入""应收账款""应收票据""预收账款""库存现金""银行存款"等账户的记录分析填列 计算公式：销售商品、提供劳务收到的现金＝本期营业收入净额＋本期应收账款减少额（－本期应收账款增加额）＋本期应收票据减少额（－本期应收票据增加额）＋本期预收账款增加额（－本期预收账款减少额） （如果本期有实际核销的坏账损失，也应减去）
收到的税费返还	根据"库存现金""银行存款""应交税费""营业税金及附加"等账户的记录分析填列
收到其他与经营活动有关的现金	根据"营业外收入""营业外支出""库存现金""银行存款""其他应收款"等账户的记录分析填列
经营活动现金流入小计	
购买商品、接受劳务支付的现金	根据"应付账款""应付票据""预付账款""库存现金""银行存款""主营业务成本""其他业务成本""存货"等账户的记录分析填列 计算公式：购买商品、接受劳务支付的现金＝营业成本＋本期存货增加额（－本期存货减少额）＋本期应付账款减少额（－本期应付账款增加额）＋本期应付票据减少额（－本期应付票据增加额）＋本期预付账款增加额（－本期预付账款减少额）

项目	填列方法
支付给职工以及为职工支付的现金	根据"库存现金""银行存款""应付职工薪酬""生产成本"等账户的记录分析填列
支付的各项税费	根据"应交税费""库存现金""银行存款"等账户的记录分析填列
支付其他与经营活动有关的现金	根据"管理费用""销售费用""营业外支出"等账户的记录分析填列
经营活动现金流出小计	
经营活动产生的现金流量净额	计算公式：经营活动产生的现金流量净额＝经营活动现金流入小计－经营活动流出小计
二、投资活动产生的现金流量：	
收回投资收到的现金	根据"交易性金融资产""长期股权投资""库存现金""银行存款"等账户的记录分析填列
取得投资收益收到的现金	根据"投资收益""库存现金""银行存款"等账户的记录分析填列
处置固定资产、无形资产和其他长期资产收回的现金净额	根据"固定资产清理""库存现金""银行存款"等账户的记录分析填列。另外，如果该项目所收回的现金净额为负数，那么应在"支付其他与投资活动有关的现金"项目填列
处置子公司及其他营业单位收到的现金净额	在丧失对子公司及其他营业单位控制权（因而不再将其纳入合并财务报表的合并范围）的当期，所收到的处置现金对价减去该子公司及其他营业单位在处置日所持有的现金及现金等价物和相关处置费用之后的净额
收到其他与投资活动有关的现金	根据"库存现金""银行存款"和其他有关账户的记录分析填列
投资活动现金流入小计	
购建固定资产、无形资产和其他长期资产支付的现金	根据"固定资产""无形资产""在建工程""库存现金""银行存款"等账户的记录分析填列
投资支付的现金	根据"交易性金融资产""长期股权投资""持有至到期投资""库存现金""银行存款"等账户记录分析填列

项目	填列方法
取得子公司及其他营业单位支付的现金净额	在合并财务报表中，本项目应当列报为"支付的其他与筹资活动有关的现金"项目，不能列报为"取得子公司及其他营业单位支付的现金净额"项目 在个别财务报表中，同一控制下控股合并中合并方支付的现金对价应当列报为"投资所支付的现金"；同一控制下吸收合并或业务合并的合并方支付的现金对价减去被合并方于合并日持有的现金及现金等价物余额后的差额，应当列报为"取得子公司或其他营业单位支付的现金净额"
支付其他与投资活动有关的现金	根据"库存现金""银行存款""应收股利""应收利息"等账户的记录分析填列
投资活动现金流出小计	
投资活动产生的现金流量净额	计算公式：投资活动产生的现金流量净额＝投资活动现金流入小计－投资活动现金流出小计
三、筹资活动产生的现金流量：	
吸收投资收到的现金	根据"实收资本（或股本）""应付债券""库存现金""银行存款"等账户的记录分析填列
取得借款收到的现金	根据"短期借款""长期借款""银行存款"等账户的记录分析填列
收到其他与筹资活动有关的现金	根据"库存现金""银行存款"等账户的记录分析填列
筹资活动现金流入小计	
偿还债务支付的现金	根据"短期借款""长期借款""应付债券""库存现金""银行存款"等账户的记录分析填列
分配股利、利润或偿付利息支付的现金	根据"应付股利（或应付利润）""财务费用""长期借款""应付债券""库存现金""银行存款"等账户的记录分析填列
支付其他与筹资活动有关的现金	根据"库存现金""银行存款"及其他有关账户的记录分析填列
筹资活动现金流出小计	
筹资活动产生的现金流量净额	计算公式：筹资活动产生的现金流量净额＝筹资活动现金流入小计－筹资活动现金流出小计
四、汇率变动对现金及现金等价物的影响	企业的外币现金流量发生日所采用的汇率与期末汇率的差额对现金的影响额
五、现金及现金等价物净增加额	计算公式：现金及现金等价物净增加额＝经营活动产生的现金流量净额＋投资活动产生的现金流量净额＋筹资活动产生的现金流量净额＋汇率变动对现金的影响额

续表

项目	填列方法
加：期初现金及现金等价物余额	
六、期末现金及现金等价物余额	计算公式：期末现金及现金等价物余额＝现金等价物净增加额＋期初现金及现金等价物金额

财报小课堂

　　在编制现金流量表时，对当期发生的外币业务，也可不必逐笔计算汇率变动对现金及现金等价物的影响。将现金流量表补充资料中的现金及现金等价净增加额[1]与现金流量表中的经营活动产生的现金流量净额、投资活动产生的现金流量净额、筹资活动产生的现金流量净额这三项之和进行比较，其差额即为汇率变动对现金的影响额。

　　以上体现了对现金流量表编制方法——直接法——的运用，大家可以在实际操作中多加练习。在编制现金流量表时，最关键的环节是做好现金流量的分类，只有依据对企业各个事项的分类来将对应的现金流量进行分类，才能编制出准确、真实的现金流量表。

实操笔记

　　【写一写】在现金流量表中，"销售商品、提供劳务收到的现金"项目和"偿还债务支付的现金"项目应分别怎样填列？请在下面写出来。

_____

_____

---

[1] 在现金流量表和现金流量表补充资料中都有"现金及现金等价物净增加额"这个项目，可两者的填列方法不同：现金流量表中的"现金及现金等价物净增加额"项目要用直接法计算填列；现金流量表补充资料中的"现金及现金等价物净增加额"项目要用间接法计算填列。不过，两者的计算结果应该是一致的，如果出现差额，则两者中至少有一个是不正确的。

♻ 4.5　现金流量表补充资料的编制

我们知道，现金流量表的补充资料一般应反映三项信息：将净利润调节为经营活动现金流量、不涉及现金收支的投资和筹资活动、现金及现金等价物净增加情况。其中，将净利润调节为经营活动现金流量实际上就是用间接法来计算经营活动产生的现金流量，其基本原理公式如图 4-3 所示。

> 经营活动产生的现金流量净额 = 净利润 + 不影响经营活动现金流量但减少净利润的项目 − 不影响经营活动现金流量但增加净利润的项目 + 与净利润无关但增加经营活动现金流量的项目 − 与净利润无关但减少经营活动现金流量的项目

图 4-3　将净利润调节为经营活动现金流量的基本原理公式

在上述公式中，不影响经营活动现金流量但减少净利润的项目和不影响经营活动现金流量但增加净利润的项目，一般应通过调整损益类账户的发生额来确定，比如，无形资产摊销业务应通过调整"管理费用——无形资产摊销"的发生额来确定；与净利润无关但增加经营活动现金流量的项目和与净利润无关但减少经营活动现金流量的项目，一般应通过调整与经营活动相关的账户的发生额来确定，比如，收回客户前欠账款业务应通过"应收账款"账户的发生额来确定。

在现金流量表的补充资料中，将净利润调节为经营活动现金流量所占篇幅最大，需要填列和披露的项目较多，了解其基本原理公式可以让财务人员更准确地填列现金流量表的补充资料。

现金流量表补充资料的填列、披露方法如表 4-5 所示。

表4-5　现金流量表补充资料的填列、披露方法（表中"－"表示"减"，"+"表示"加"）

项目	填列、披露方法
将净利润调节为经营活动现金流量	
净利润	根据利润表中的净利润数填列
加：资产减值准备	计提的资产减值准备＝本期计提的各项资产减值准备发生额累计数 （直接核销的坏账损失不计入）
固定资产折旧、油气资产折耗、生产性生物性	固定资产折旧＝制造费用中的折旧数＋管理费用中的折旧数＝累计折旧期末数－累计折旧期初数 （未考虑因固定资产对外投资而减少的折旧）
资产折旧	资产折旧＝制造费用中折旧＋管理费用中折旧＝累计折旧期末数－累计折旧期初数 （未考虑因固定资产对外投资而减少的折旧）
无形资产摊销	无形资产摊销＝无形资产（期初数－期末数）＝无形资产贷方发生额累计数 （未考虑因无形资产对外投资减少）
长期待摊费用摊销	长期待摊费用摊销＝长期待摊费用（期初数－期末数）＝长期待摊费用贷方发生额累计数
处置固定资产、无形资产和其他长期资产的损失（收益以"－"号填列）	根据固定资产清理及营业外支出（或收入）明细账分析填列
固定资产报废损失（收益以"－"号填列）	根据固定资产清理及营业外支出明细账分析填列
公允价值变动损失（收益以"－"号填列）	根据"公允价值变动损益"账户的发生额分析填列
财务费用（收益以"－"号填列）	财务费用＝利息支出－应收票据的贴现利息
投资损失（收益以"－"号填列）	投资损失（减：收益）＝投资收益（借方余额正号填列，贷方余额负号填列）
递延所得税资产减少（增加以"－"号填列） 递延所得税负债增加（减少以"－"号填列）	根据"递延所得税资产"账户的期初、期末余额分析填列
存货减少（增加以"－"号填列）	存货的减少（减：增加）＝存货（期初数－期末数） （未考虑存货对外投资的减少）
经营性应收项目减少（增加以"－"号填列）	经营性应收项目的减少（减：增加）＝应收账款（期初数－期末数）＋应收票据（期初数－期末数）＋预付账款（期初数－期末数）＋其他应收款（期初数－期末数）＋待摊费用（期初数－期末数）－坏账准备期末余额

项目	填列、披露方法
经营性应付项目增加（减少以"–"号填列）	经营性应付项目的增加（减：减少）＝应付账款（期末数－期初数）＋预收账款（期末数－期初数）＋应付票据（期末数－期初数）＋应付工资（期末数－期初数）＋应付福利费（期末数－期初数）＋应交税金（期末数－期初数）－其他应交款（期末数－期初数）
其他	
经营活动产生的现金流量净额	
不涉及现金收支的投资和筹资活动	
债务转资本	
一年内到期的可转换公司债券	按要求披露
融资租入固定资产	
现金及现金等价物净增加情况	
现金的期末余额	现金的期末余额＝资产负债表中"货币资金"账户的期末余额
减：现金的期初余额	现金的期初余额＝资产负债表中"货币资金"账户的期初余额
加：现金等价物的期末余额	一般企业很少有现金等价物，如果有，则应相应计算和填列
减：现金等价物的期初余额	
现金及现金等价物净增加额	现金及现金等价物的净增加额＝现金的期末余额－现金的期初余额

在实际工作中，现金流量表补充资料的编制是比较容易出错的，财务人员在编制它时一定要严谨、细致。

实操笔记

【多选题】在现金流量表的补充资料中，"不涉及现金收支的投资和筹资活动"项目包括（   ）。

A. 债务转为资本　　　　　B. 以无形资产交换股权

C. 以固定资产投资　　　　D. 融资租入固定资产

E. 以现金偿还债务

答案：A、B、C、D

第 5 章

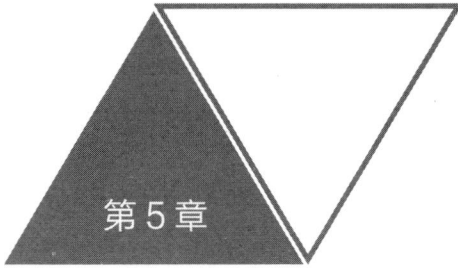

所有者权益变动表：企业股东权益的明细账

　　所有者权益变动表是企业股东权益的明细账，反映了企业所有者权益的增减变动情况。在编制所有者权益变动表时，财务人员应该深刻理解表中的逻辑关系。

♻ 5.1　认识所有者权益变动表

李先生是一家公司的股东兼管理者,他很关心公司的所有者权益变动情况,因为所有者权益不仅关系到他本身的利益，还关系到他在公司里的话语权；小张是一个资深股民，他也十分关心发行自己所买股票的上市公司其所有者权益变动情况，因为它可能会直接影响该公司股票的涨跌。

人们对所有者权益变动情况越来越关注，就需要一张专门的财务报表来反映它，于是，所有者权益变动表出现了。2007 年 1 月 1 日，新的企业会计准则开始施行，财务报表的主表由三张变为四张，多了一张所有者权益变动表。

5.1.1　什么是所有者权益变动表

所有者权益变动表是反映构成所有者权益的各组成部分当期的增减变动情况的报表，它应当全面地反映一定时期所有者权益的变动情况。所有者权益变动表应反映下列信息：

　　✓ 所有者权益总量的增减变动；
　　✓ 所有者权益增减变动的重要结构性信息；
　　✓ 直接计入所有者权益的利得和损失。

只有完整包括以上三类信息的所有者权益变动表才能完整、准确地呈现企业所有者权益变动情况，让使用者理解所有者权益变动的根源。

5.1.2　所有者权益变动表的意义

为什么新企业会计准则要提升所有者权益变动表的地位？原因有两点：一是我国经济的发展使我们的会计环境发生了巨大的变化，财务报表需要呈现更多、更详细的会计信息；二是我国会计准则要与国际会计准则接轨。

財报
小课堂

　　在2007年之前，企业的所有者权益变动情况是以资产负债表附表形式予以体现的；而新的企业会计准则要求上市公司于2007年正式对外呈报所有者权益变动表，所有者权益变动表成了与资产负债表、利润表和现金流量表并列披露的第四张财务报表。

　　所有者权益变动表地位的变化反映了会计理论、会计程序与不断变化的经济大环境的碰撞和摩擦，也充分说明了企业会计准则会随着时代的变化而不断发展。未来财务报表或许还会发生新的变化，所有的财务人员都应该学会适应和迎接这些变化。

　　那么，所有者权益变动表的重要地位究竟体现在哪些方面呢？

1. 所有者权益变动表满足了新型金融工具核算的需要

　　从20世纪90年代开始，保险衍生品等金融工具开始快速发展，并为企业带来了巨大的机遇；但是企业在对新型金融工具进行会计处理时，却遇到了难题。受历史成本原则[1]、收入实现原则[2]、谨慎性原则[3]的限制，一些企业金融资产的公允价值变动等已确认未实现的利得和损失无法在利润表中列示，只能在资产负债表的"所有者权益"项目中确认，于是，为了满足新型金融工具核算的需要，第四张财务报表主表，即所有者权益变动表，出现了。它容纳了衍生金融工具公允价值变动，也使财务报表体系中各要素之间能够继续保持紧密的联系。

---

[1] 历史成本原则，又称原始成本原则或实际成本原则，是指对会计要素的记录，应以经济业务发生时的取得成本为标准进行计量计价。按照会计要素的这一计量要求，资产的取得、耗费和转换都应按照取得资产时的实际支出进行计量计价和记录；负债的取得和偿还都按取得负债的实际支出进行计量计价和记录。

[2] 实现原则以商品被销售、劳务被履行作为收入实现的标志。

[3] 谨慎性原则是指合理核算可能发生的损失和费用，不得多计资产或收益、少计负债或费用。当某些经济业务有几种不同会计处理方法和程序可供选择时，在不影响合理选择的前提下，应当尽可能选择对所有者权益产生影响最小的方法和程序进行会计处理，合理核算可能发生的损失和费用，即"宁可预计可能的损失，不可预计可能的收益"。

2.所有者权益变动表体现了我国在报告全面收益方面取得了实质性的进步

除反映所有者权益的增减变动情况以外，所有者权益变动表的另一个重要功能是报告全面收益。所谓全面收益，就是以资产负债观[1]为基础，突破了传统的收益费用观，将未确认的利得和损失纳入收益报告的范围。所有者权益变动表的出现标志着我国向报告全面收益迈出了一大步。

所有者权益表是财务报表的主表之一，它的重要性不言而喻，财务人员和企业管理者都必须重视它。

实操笔记

【写一写】所有者权益变动表必须反映哪些信息？请在下面写出来。

_____

_____

---

[1] 资产负债观直接从资产和负债的角度来确认和计量企业的收益，它认为收益是企业期初净资产和期末净资产相比较的结果，这种计量收益的方法又被称为财产法。该方法强调经济交易的实质，要求在交易发生时弄清该交易或事项产生的相关资产和负债或者其对相关资产和负债造成的影响，然后根据资产和负债的变化来确认收益。

♻ 5.2　所有者权益变动表的结构和主要项目的解析

所有者权益变动表的基本格式比较特别：它是一张动态报表，在纵向上，它从上到下地反映了各项目年初至年末的变动情况；在横向上，它从左到右地列示了所有者权益的构成项目。

为了让大家更好地掌握所有者权益表的相关知识，本节将详细解读它的结构和主要项目。

5.2.1　所有者权益变动表的结构

所有者权益变动表包括表头、正表两部分，表头中的内容包括报表名称、编制单位、日期、货币单位等。正表则是以矩阵形式列示的，这种列示方式一方面可以从所有者权益变动的来源对一定时期所有者权益变动情况进行全面的反映；另一方面可以按照所有者权益的各个组成部分（包括实收资本、其他权益工具、资本公积、库存股、其他综合收益、专项储备、盈余公积、未分配利润）及其总额列示相关交易或事项对所有者权益的影响。所有者权益变动表还将各项目按"本年金额"和"上年金额"两栏分别列示，以便于使用者对本年数据和上年数据进行对比分析。

5.2.2　所有者权益变动表主要项目的解析

所有者权益变动表横向列示的是所有者权益包括的各项目，即所有者权益类项目，纵向列示的是引起所有者权益增减变动的项目。因为在"2.2 资产负债表主要项目的解析"这一节，我们已对所有者权益类项目进行了认识，下面我们来简单认识一下引起所有者权益增减变动的主要项目。所有者权益变动表纵向列示的主要项目如表 5-1 所示。

表 5-1　所有者权益变动表纵向列示的主要项目

主要项目	说明
一、上年年末余额	该项目反映企业上年资产负债表中"实收资本（或股本）""其他权益工具""资本公积""库存股""其他综合收益""盈余公积""未分配利润"等账户的年末余额
加：会计政策变更	该项目反映企业采用追溯调整法[1]处理的会计政策变更的累积影响数额
前期差错更正	该项目反映企业采用追溯重述法[2]处理的会计差错更正的累积影响数额
其他	
二、本年年初余额	该项目反映会计政策变更和前期差错更正的影响，在上年年末余额的基础上进行调整，即可得出本年年末余额
三、本年增减变动金额	该项目反映的内容包括综合收益总额、所有者投入和减少资本、利润分配、所有者权益内部结转等
（一）综合收益总额	该项目反映净利润和其他综合收益扣除所得税影响后的净额相加后的合计金额
（二）所有者投入和减少资本	该项目反映企业本年所有者投入的资本和减少的资本
1. 所有者投入的普通股	该项目反映企业接受投资者投入形成的实收资本（或股本）和资本（或股本）溢价
2. 其他权益工具持有者投入资本	该项目反映企业发行的除普通股以外分类为权益工具的金融工具其持有者投入资本的金额
3. 股份支付计入所有者权益的金额	该项目反映企业处于等待期中的权益结算的股份支付本年计入资本公积的金额
4. 其他	
（三）利润分配	该项目反映企业本年的利润分配金额
1. 提取盈余公积	该项目反映企业按照规定提取的盈余公积
2. 对所有者（或股东）的分配	该项目反映对所有者（或股东）分配的利润（或股利）金额
3. 其他	
（四）所有者权益内部结转	该项目反映构成企业所有者权益的组成部分之间本年的增减变动情况

---

[1] 追溯调整法是指对某项交易或事项变更会计政策，视同该项交易或事项初次发生时就采用变更后的会计政策，并以此对财务报表相关项目进行调整的方法。

[2] 追溯重述法是指在发现前期差错时，视同该项前期差错从未发生过，从而对财务报表相关项目进行更正的方法。

续表

主要项目	说明
1. 资本公积转增资本（或股本）	该项目反映企业本年以资本公积转增资本（或股本）的金额
2. 盈余公积转增资本（或股本）	该项目反映企业本年以盈余公积转增资本（或股本）的金额
3. 盈余公积弥补亏损	该项目反映企业本年以盈余公积弥补亏损的金额
4. 设定受益计划变动额结转留存收益	该项目反映企业因重新计量设定受益计划净负债或净资产所产生的变动计入其他综合收益，结转至留存收益的金额
5. 其他综合收益结转留存收益	该项目主要反映：（1）企业指定为以公允价值计量且其变动计入其他综合收益的非交易性权益工具投资终止确认时，之前计入其他综合收益的累计利得或损失从其他综合收益中转入留存收益的金额；（2）企业指定为以公允价值计量且其变动计入当期损益的金融负债终止确认时，之前由企业自身信用风险变动引起而计入其他综合收益的累计利得或损失从其他综合收益中转入留存收益的金额等
6. 其他	
四、本年年末余额	该项目反映企业本年"实收资本（或股本）""其他权益工具""资本公积""库存股""其他综合收益""盈余公积""未分配利润"等账户的年末余额

所有者权益变动表是对资产负债表中所有者权益项目的细化和补充，也是对利润表的补充。通过所有者权益变动表，我们可以分析企业所有者权益的增减变动情况及变动的原因。只有读懂了所有者权益变动表，才能比较透彻地了解一家公司的净资产状况。

实操笔记

【说一说】所有者权益变动表是以什么形式列示的？会计政策变更、前期差错更正分别反映了什么？请在下面写出来。

♻ 5.3　所有者权益变动表的编制

所有者权益表是一张局部报表，它不能像其他财务报表那样，反映企业完整的财务状况和经营结果，它只能反映比较有限的内容，因此想要编制一张合格的所有者权益表还是比较简单的，大家只需要重点掌握其中的逻辑关系即可。

5.3.1　所有者权益变动表的逻辑关系

所有者权益变动表的逻辑关系公式如图 5-1 所示。

> 本年年末余额＝本年年初余额＋本年增减变动金额
>
> 本年年初余额＝上年年末余额＋会计政策变更＋前期差错更正
>
> 本年增减变动金额＝净利润＋直接计入所有者权益的利得和损失＋所有者投入和减少资本＋利润分配＋所有者权益内部结转

图 5-1　所有者权益变动表的逻辑关系公式

通过一个简单的例子，大家可以更好地理解上述逻辑关系公式。A 公司 2019 年年初的实收资本为 600 万元，盈余公积为 15 万元，未分配利润为 105 万元，合计为 720 万元，未发生会计政策变更和前期差错更正事项；本年度（2019 年）A 公司从外部吸收资本 250 万元，净利润为 100 万元，根据相关法律规定提取盈余公积 10 万元，无其他所有者权益变动事项。

我们应该如何厘清以上这些数据之间的逻辑关系呢？

首先，因为"本年年末余额＝本年年初余额＋本年增减变动金额"，而 2019 年 A 公司"未发生会计政策变更和前期差错更正事项"，因此该公司的"本年年初余额"与"上年年末余额"相等。

其次，因为本年度 A 公司吸收外部资本 250 万元，所以所有者投入资本的变动额为 250 万元；因为净利润为 100 万元，按 10% 的比例提取盈余公积

10万元，所以盈余公积的变动额为10万元；因为未分配利润变动额由净利润（+100万元）与盈余公积（−10万元）共同构成，所以本期变动金额为90万元。

最后，由以上计算步骤可得：

本年度实收资本（或股本）的年末余额=600+250=850（万元）

本年度盈余公积的年末余额=15+10=25（万元）

本年度未分配利润的年末余额=105+90=195（万元）

本年度所有者权益合计的年末余额=上述项目的年末余额之和=850+25+195=1 070（万元）

理解了所有者权益表的逻辑关系以后，让我们来看看该表的具体填列方法。

5.3.2　所有者权益变动表的填列方法

所有者权益变动表的各个项目均需要填列"上年金额"和"本年金额"两栏，其中"上年金额"栏根据上年度所有者权益变动表中"本年金额"栏内的数字填列。如果上年度所有者权益变动表中的项目与本年度所有者权益变动表中的项目存在不一致的地方，则应按照本年度的规定对上年度的所有者权益变动表进行调整，之后再对照填列。"本年金额"栏内的各项数字，应根据"实收资本（或股本）""其他权益工具""资本公积""库存股""其他综合收益""盈余公积""未分配利润"等科目的发生额填列。下面为大家列举所有者权益变动表几个主要项目的填列方法。

1. 综合收益总额

该项目应填列的数字是净利润与其他综合收益扣除所得税影响后的净额相加后的合计金额。

2. 所有者投入和减少资本

该项目反映企业本年所有者投入和减少的资本，其中，"所有者投入的普通股""其他权益工具持有者投入资本"项目应根据"实收资本""资本公积"等科目的发生额分析填列；"股份支付计入所有者权益的金额"项目应根据"资本公积"科目所属的"其他资本公积"二级科目的发生额分析填列。

3. 利润分配

该项目反映企业本年按照规定提取的盈余公积金额和对所有者（或股东）分配的利润（或股利）金额，并对应填列在"盈余公积"和"未分配利润"栏。其中，"提取盈余公积"项目反映企业按照规定提取的盈余公积金额；"对所有者（或股东）的分配"项目反映对所有者（或股东）分配的利润（或股利）金额。

4. 所有者权益内部结转

所有者权益内部结转反映构成企业所有者权益的组成部分之间本年的增减变动情况。它包括资本公积转增资本（或股本）、盈余公积转增资本（或股本）、盈余公积弥补亏损、设定收益计划变动额结转留存收益、其他综合收益结转留存收益等，按相关科目的发生额填列。

实操笔记

【写一写】所有者权益变动表的逻辑关系公式有哪些？请在下面写出来。

第6章

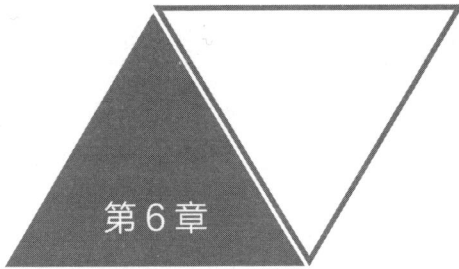

财务报表附注：财务报表使用说明书

财务报表附注是对财务报表四大主表的解释和补充说明，是财务报表中不可缺少的部分。企业必须按企业会计准则的要求，在财务报表附注中披露相关事项。

♻ 6.1　财务报表附注：财务报表的解释和补充说明

一般情况下，一家企业总会有一些财务信息是无法反映在财务报表的四大主表中的，因此需要财务报表附注来补充和完善这部分信息。

如果我们想要全面了解企业的财务状况和经营成果，就应该重视财务报表附注。财务报表附注和四大主表具有同等的重要性。另外，根据企业会计准则，财务报表附注应该按照一定的结构对其内容进行系统、合理的排列和分类，并有序地披露这些内容。

那么，财务报表附注应该披露哪些内容来补充和完善企业的财务信息呢？

6.1.1　财务报表附注的披露内容

财务报表附注应该按照顺序披露以下内容：

1. 企业的基本情况

企业的基本情况包括：企业的注册时间、注册地址、组织形式和总部地址；企业的业务性质和主要经营活动；母公司及集团最终母公司的名称；等等。此外，对于营业期限有限的企业，财务报表附注还应当披露与其营业期限有关的内容。

2. 财务报表的编制基础

财务报表的编制基础分为两种：一种是持续经营；另一种是非持续经营。一般情况下，企业都是在持续经营的基础上编制财务报表的；而当企业破产、清算时，则是在非持续经营的基础上编制财务报表的。

3. 遵循企业会计准则的声明

企业应当声明其编制的财务报表符合企业会计准则的要求，真实、完整地反映了企业的财务状况、经营成果和现金流量等有关信息。如果企业编制的财务报表只是部分地遵循了企业会计准则，那么在财务报表附注中不得做出这种声明。

4. 重要会计政策和会计估计

根据《企业会计准则第 30 号——财务报表列报》的规定，企业应当披露采用的重要会计政策和会计估计，不重要的会计政策和会计估计可以不披露。

（1）重要会计政策的说明

由于企业经济业务的复杂性和多样化，某些经济业务可以有多种会计处理方法，也就是说，存在不止一种可供选择的会计政策，比如，存货的计价可以有先进先出法、加权平均法、个别计价法等。因此，企业要在财务报表附注中说明自己在处理某些项目时选择的会计政策。不同会计政策的选择可能极大地影响财务报表的编制。为了让财务报表使用者更好地理解财务报表，企业必须对重要会计政策进行披露。

需要特别指出的是，说明会计政策时还需要披露财务报表项目的计量基础和会计政策的确定依据——前者说明财务报表中项目的计量基础，后者说明企业选择和运用会计政策的背景——披露这两项内容，有助于增强财务报表的可理解性。

（2）重要会计估计的说明

企业应当披露会计估计及其中所采用的关键假设和不确定因素，这些关键假设和不确定因素可能导致下一会计期间内资产、负债账面价值的重大调整，因此，披露这一项内容有助于增强财务报表的可理解性。

另外，根据《企业会计准则第 28 号——会计政策、会计估计变更和差错更正》及其应用指南的规定，企业应当披露会计政策和会计估计变更及差错更正的有关情况。

财报小课堂

企业应当根据企业会计准则的规定，结合本企业的实际情况，确定会计政策和会计估计，然后经股东大会或董事会、经理（厂长）会议或类似机构批准，按照法律、行政法规等的规定报送有关各方备案。企业的会计政策和会计估计一经确定，不得随意变更；如需变更，应重新履行上述程序，并按企业会计准则的规定处理。

5.重要报表项目的说明

企业应当尽可能地以列表形式披露重要报表项目的说明，包括该项目的构成、当期增减变动情况等；并且重要报表项目的明细金额合计应当与报表项目金额相衔接。另外，重要报表项目的说明一般应当按照资产负债表、利润表、现金流量表、所有者权益变动表及其项目列示的顺序进行项目列示。

6.其他需要说明的重要事项

此部分主要包括或有和承诺事项、资产负债表日后非调整事项、关联方关系及其交易等，具体的披露要求须遵循相关准则的规定。

6.1.2　财务报表附注的披露要求

财务人员在编制财务报表附注时，要保证披露内容的适当性，也要保证财务报表的格式和内容前后一致。除此以外，财务人员在编制财务报表附注时还应遵循财务报表附注的披露要求。财务报表附注的三个披露要求如图6-1所示。

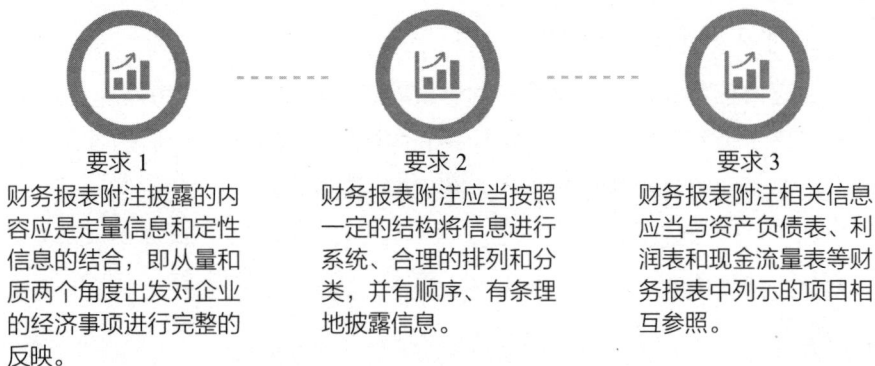

要求 1
财务报表附注披露的内容应是定量信息和定性信息的结合，即从量和质两个角度出发对企业的经济事项进行完整的反映。

要求 2
财务报表附注应当按照一定的结构将信息进行系统、合理的排列和分类，并有顺序、有条理地披露信息。

要求 3
财务报表附注相关信息应当与资产负债表、利润表和现金流量表等财务报表中列示的项目相互参照。

图 6-1　财务报表附注的三个披露要求

以上三个要求都有助于让财务报表发挥其应有的价值，方便财务报表使用者理解财务报表所反映的信息。

财务报表附注是财务报表的最后一部分内容，虽然它的作用只是解释和补充说明，但它对财务报表来说是不可或缺的：就像纪录片离不开画外音，论文离不开注释，财务报表也离不开财务报表附注。

实操笔记

【写一写】财务报表附注应当披露哪些内容？请在下面写出来。

6.2 财务报表附注主要项目的解析

在上一节中，我们已经了解了财务报表附注应该披露的内容，但是在实际工作中，每家企业在财务报表附注中披露的内容都有所差异。不过，根据企业会计准则，企业的财务报表附注至少应该披露四项内容——企业基本情况、重要会计政策和会计估计、重要报表项目的说明、其他需要说明的重要事项——这四项内容可被看作财务报表附注的主要项目。

6.2.1 企业的基本情况

在财务报表附注中说明企业基本情况的作用是表明企业的合法性、企业的存在价值（也就是主营业务）等，企业的基本情况主要包括以下三项内容。

1. 企业的注册时间、注册地址、组织形式和总部地址

企业的注册信息是企业财务报表附注必须披露的内容。比如，在与某企业合作之前，王先生希望了解该企业的注册信息，而这些信息无法从财务报表的主表中得知，一般可从财务报表附注中获得。

2. 企业的业务性质和主要经营活动

这项内容的披露对企业来说很重要，我们可以通过一个例子来体会一下这种重要性。A 公司准备采购一批电脑，并准备在 B、C 两家公司之间做出选择。其中，B 公司主要做办公耗材的经销，C 公司主要做计算机产品的经销，A 公司根据 B、C 两公司主营业务的性质选择了 C 公司。

3. 母公司及集团最终母公司的名称

如果企业有母公司，那么它需要在财务报表附注中披露这项内容。

6.2.2　重要会计政策和会计估计

我们以 A 公司为例来具体说明重要会计政策和会计估计所包括的内容。

1. 遵循企业会计准则的声明

A 公司执行中华人民共和国财政部颁布的企业会计准则和《企业会计制度》及其补充规定。

2. 企业的会计年度

A 公司以 1 月 1 日到 12 月 31 日为一个会计年度。

3. 企业的记账本位币

A 公司以人民币为记账本位币。

4. 记账基础和计价原则

A 公司会计核算以权责发生制为记账基础，资产以历史成本为计价原则。

5. 应收账款和坏账的核算办法

A 公司坏账确认标准：债务单位因撤销、破产、资不抵债、现金流量严重不足、发生严重自然灾害等导致停产而在可预见的时间内无法偿付债务等；债务单位逾期未履行偿债义务超过 3 年（或一定年限）；其他确凿证据表明账款确实无法收回或收回的可能性不大时。

坏账损失的核算方法为备抵法。

6. 固定资产计价及其折旧方法

按照 A 公司的规定，其固定资产包括：使用年限在一年以上的房屋、建筑物、机器、运输工具，以及其他与生产经营有关的设备等；不属于生产经营主要设备的，单位价值在 3 000 元以上且使用年限在 3 年以上的资产。

一般来说，企业的固定资产按实际成本计价，固定资产折旧采用直线法计算。

财报
小课堂

直线法是指按固定资产的原值和估计使用年限扣除残值率（原值的 5%）确定其折旧率。比如，A 公司的某商用房屋的折旧年限为 20 年，残值率为 5%，其年折旧率的计算方法为：年折旧率 =（1-5%）/ 20=4.75%。

7. 无形资产计价及其摊销方法

A 公司对购入或按法律程序申请取得的无形资产，按实际支付金额（包括买价、手续费、律师费、注册费等相关费用）入账；对接受投资转入的无形资产，按合同约定或评估确认的价值入账。各种无形资产在其有效期内按直线法摊销。

期末按单个无形资产的可收回金额低于其账面成本的差额提取无形资产减值准备。一般来说，当存在下列一项或多项情况时，企业可以计提无形资产减值准备：

- ✓ 某项无形资产已被其他新技术等所替代，使其为企业创造经济利益的能力受到重大、不利影响；
- ✓ 某项无形资产的市价在当期大幅下跌，在剩余摊销年限内预期不会恢复；
- ✓ 某项无形资产已超过法律保护期限，但仍然具有部分使用价值；
- ✓ 其他足以证明某项无形资产实质上已经发生了减值的情形。

8. 收入的确认原则

A 公司按"企业应当在履行了合同中的履约义务，即在客户取得相关商品控制权时确认收入"的原则确认销售收入实现，并按已实现的收入记账，将其计入当期损益。

9. 利润分配顺序

A 公司按《中华人民共和国公司法》及其他有关规定安排利润分配的顺序。

10. 所得税的会计处理方法

A 公司所得税的会计处理方法采用应付税款法，其中，汇算清缴的方式为季度预缴和年终汇算清缴。一般来说，A 公司的主要税项要根据实际情况确定。

11. 会计政策和会计估计变更及差错更正的说明

会计政策和会计估计一经确定，一般不允许更改，如果 A 公司所处经济环境发生重大变化确需修改，应在财务报表附注中予以披露。

12. 其他重要报表项目的说明

根据企业所处的不同行业和不同经济环境确定必须披露的内容。

6.2.3　重要报表项目的说明

财务报表附注中的重要报表项目的说明一般应当按照资产负债表、利润表、现金流量表和所有者权益变动表及其项目列示的顺序进行项目列示，它主要包括以下五项内容。

1. 货币资金

货币资金一般按照其组成项目单独列示，如果包含外币资金一般也会单独列示出来。

2. 交易性金融资产

交易性金融资产一般列示投资的内容，比如企业购买的股票、债券等。

3. 应收账款

应收账款一般按照账龄列示应收账款余额及坏账准备余额。

4. 固定资产

固定资产一般按照资产类别进行列示，如办公设备、运输设备、电子设备、生产设备等。

5. 应付账款、应交税费、实收资本、主营业务收入、销售费用等

应付账款一般按照账龄进行列示；应交税费一般按照当地应缴纳的税种项目进行列示；实收资本按照投资者名称进行列示；主营业务收入一般按照收入类别进行列示；销售费用一般按照费用类别进行列示。除此以外，还有一些其

他重要科目，列示方法与上面基本相似，企业财务人员应根据实际情况和相关规定进行列示，此处就不再一一列举了。

6.2.4 其他需要说明的重要事项

财务报表附注中的其他需要说明的重要事项，主要包括或有事项、资产负债表日后非调整事项、财务报表的批准信息等。

1. 或有事项

或有事项是指过去的交易或事项形成的，其结果须由某些未来事件的发生或不发生才能决定的不确定事项，主要包括未决诉讼、担保、质量保证等。例如，A 公司与 B 公司有一起诉讼，至 A 公司财务报表报出时尚未结案，未来判决情况具有较大的不确定性，A 公司应在财务报表附注中披露该事项。

2. 资产负债表日后非调整事项

关于资产负债表日后非调整事项，我们已经在第 2 章的 2.4 节中详细介绍过了，这里就不再赘述了。

3. 重要资产转让及其出售

我们可以通过一个例子来了解此事项。一家工厂只有三条生产线，因经营不善而将出售其中最大的一条生产线，由此导致其产能下降了 30%，那么，该事项就属于该工厂的"重要资产转让及其出售"事项，应该在其财务报表附注中予以披露。

4. 企业合并、分立等重组事项

如果企业发生合并、重组等事项，其应在财务报表附注中披露合并、重组文案，董事会的决议等内容。

5. 其他重要事项

除上述事项以外的其他重要事项。

6. 财务报表的批准信息

此项一般应披露报告期间、执行准则、有权批准报告报出的部门。

在一家企业的财务信息中，有利好信息，也有不利信息，这些信息能否被财务报表使用者知晓不是由管理者决定的，而是由企业会计准则统一规定的，财务人员应严格按照它的规定在财务报表附注中披露相关内容。

实操笔记

【写一写】在财务报表附注中，重要会计政策和会计估计包括哪些内容？请在下面写出来。

第二部分

财务报表分析

第 7 章

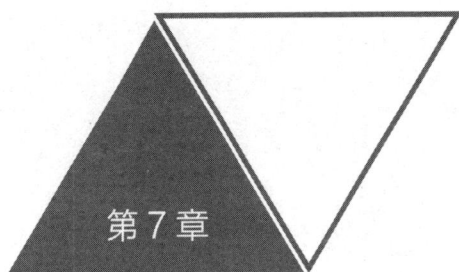

常识：理解财务报表分析，掌握基本方法

财务报表分析是从事商业活动的人所必备的技能，无论是管理者、投资者、债权人，还是供应商、客户、员工，都要掌握财务报表分析的基本方法。其中，管理者和投资者尤其要学会分析财务报表，因为只有这样，他们才能做出科学的经营和投资决策。

♻ 7.1　认识财务报表分析

邓女士是一个职业经理人，管理着一家规模不小的公司，每到年底，她都要仔细分析公司的年度财务报表。通过分析财务报表，她可以看出公司本年度的财务状况和经营成果，并根据财务报表反映出来的信息，对下一个年度的管理和经营决策做出调整和优化。

像邓女士一样，很多企业管理者都十分善于分析财务报表。通常情况下，财务报表中的信息能够反映企业的财务状况、经营成果和资产结构，这些都是管理者做管理和经营决策时的重要依据。决策水平对一家企业的管理和经营起着决定作用，不会分析财务报表的管理者是无法带领企业向前发展的。

对于企业的管理和经营来说，财务报表分析是一项不可或缺的工作，它甚至关系着企业的生死存亡和发展前景。从本章开始，让我们一起走近财务报表分析，学习如何通过财务报表中的数字读懂企业的真实管理和经营状况。

7.1.1　什么是财务报表分析

财务报表分析是对企业财务报表进行深度加工、比较和分析，并得出分析结果，进而借此结果解释和评价企业各项经营活动的一项工作。财务报表的基本定义和基本内容分别是什么呢？

1. 基本定义

财务报表分析是指收集、整理企业财务报表中的有关数据，并结合其他有关补充信息，对企业的财务状况、经营成果和现金流量情况进行综合比较和评价，从而为财务报表使用者提供管理决策和控制依据的一项管理工作。这项工作的目的是了解过去、评价现在、预测未来，并帮助企业管理者优化决策水平。

财务报表的分析结果可以帮助我们判断企业的财务状况，了解企业的经营结果，分析企业的前景，找出企业在管理和经营上的不足，从而提出决策方案。

2.基本内容

财务报表的使用者有很多，如管理者、投资者、债权人、股东等，而不同的使用者其分析目的也会有所不同。财务报表分析就是要根据不同的分析目的来获取相关信息，做出有侧重点、有针对性的分析，从而为财务报表使用者提供有用的信息。虽然财务报表分析的侧重点会根据不同的分析目的而变化，但是财务报表分析的一些基本内容是不变的。对于一般企业来说，财务报表分析的基本内容主要包括以下三个方面。

（1）财务状况分析

企业财务状况的分析内容包括资金结构分析、偿债能力分析和营运能力分析，如图7-1所示。

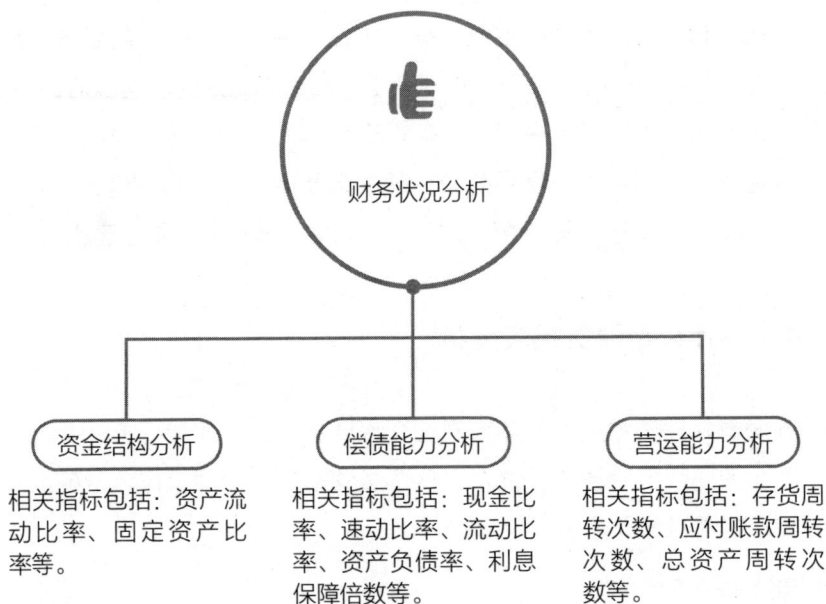

资金结构分析	偿债能力分析	营运能力分析
相关指标包括：资产流动比率、固定资产比率等。	相关指标包括：现金比率、速动比率、流动比率、资产负债率、利息保障倍数等。	相关指标包括：存货周转次数、应付账款周转次数、总资产周转次数等。

图7-1　企业财务状况的分析内容

（2）经营状况分析

企业经营状况的分析内容包括盈利能力分析、成本水平分析和发展能力分析，如图7-2所示。

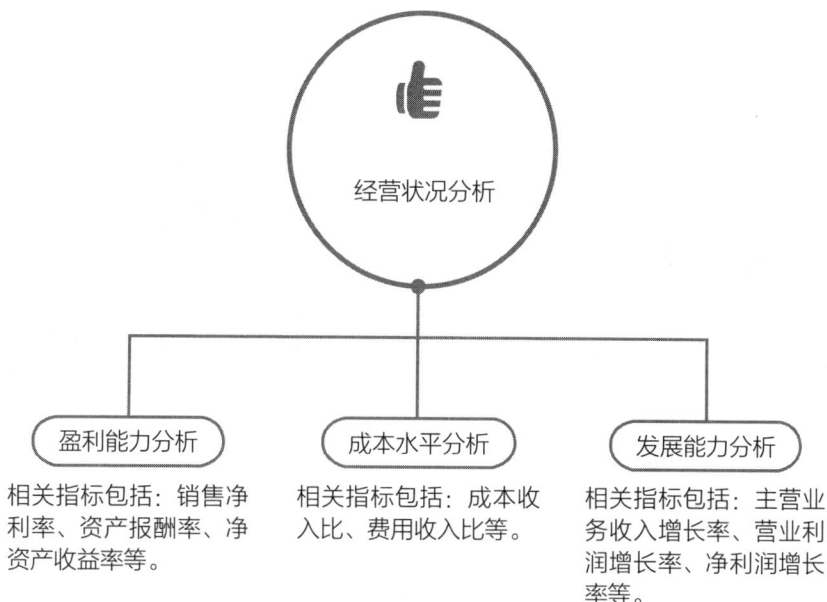

图7-2　企业经营状况的分析内容

（3）现金流量分析

企业现金流量的分析内容包括经营活动产生的现金流量分析、投资活动产生的现金流量分析和筹资活动产生的现金流量分析。

以上三个方面的分析是相互联系、相互补充的。通过这三项分析，我们可以描述出企业的财务状况、经营成果和现金流量状况，这些信息可以基本满足不同财务报表使用者的需求。

7.1.2　财务报表分析的作用

虽然在财务报表中列示有详细的数据，但是它们只能反映一些事实，并不能说明企业经营状况的好坏，所以，我们必须结合相关财务指标，对财务报表进行比较和分析，只有这样才能正确评价企业经营成果的好坏，并深入研究企业的财务状况。

财务报表分析对企业来说意义十分重大：往大的方面说，财务报表分析可以帮助我们评价企业的整体运营情况，预测企业的未来发展趋势；往小的方面说，财务报表分析可以揭示企业经营过程中的利弊、检验企业预算的完成情况和相关管理人员的业绩。

下面让我们来看一下财务报表分析的作用具体体现在哪几个方面。

1. 合理评价企业的经营业绩

财务报表分析可以用来合理评价企业的经营业绩：企业管理者可以通过财务报表分析了解企业在某段时间内到底有没有赚钱、所欠外债是否太多、能不能做到资金的顺利周转、还需不需要投资等。只有确认了企业的偿债能力、营运能力、盈利能力和现金流量状况等，管理者才能对企业的经营状况做到胸中有数。

2. 帮助企业实现价值最大化的目标

企业运营的最终目标是实现价值最大化，财务报表分析可以帮助管理者正确认识企业目前的状态，找到现状与目标之间的差距，从而促使管理者充分挖掘企业的潜力，优化管理策略，并不断向着价值最大化的目标前进。下面我们可以通过一个例子来体会一下财务报表分析的这一作用。一家餐厅的老板通过财务报表分析发现，目前餐厅的现金流量并不充足，盈利能力较弱，而他如果想将餐厅发展壮大，就需要筹集资金，扩大经营。于是，他找到了一个合伙人，两人共同出资对餐厅进行了升级改造。改造后，餐厅的客流量增加了，盈利能力也增强了。

3. 为企业经营决策提供有效依据

财务报表分析能够帮助企业的管理者、股东和投资者正确评价企业过去的经营状况，全面了解企业的现状，并合理预测企业未来的发展前景。通过财务报表分析，企业的管理者、股东和投资者可以做出恰当的经营决策。

财报
小课堂

因为财务报表分析的主要依据是财务报表，所以财务报表本身的局限性会导致财务报表分析也存在局限性。财务报表的局限性体现在以下几个方面：

✓ 财务人员的素质对财务报表质量的影响；

✓ 会计政策和会计处理方法对财务报表的影响；

✓ 会计估计对财务报表的影响；

✓ 通货膨胀对财务报表的影响；

✓ 财务报表的编制重结果，不能具体反映其经济内容的实现过程；

✓ 财务报表的可靠性和有效性存疑。

4.为国家相关部门的宏观政策提供依据

国家是市场经济的宏观调控者，相关部门可以通过分析企业和行业的财务报表，了解国民经济的总体情况和发展趋势，并有针对性地调整税收政策、货币政策及其他经济政策，以促进国民经济的健康、平稳发展。

财务报表分析对个人、企业、整个行业乃至国民经济都起到了十分重要的作用；而且，企业的经营离不开财务报表分析，上到企业的管理者、股东，下到企业的普通员工，都需要了解财务报表分析的基本方法。

实操笔记

【写一写】财务报表分析的基本内容包括哪几个方面？请在下面写出来。

♻ 7.2　哪些人需要看懂财务报表

小王是一个刚入职的员工，老板交给他的第一项任务就是学会看财务报表，但小王很不理解，他认为自己只是一个普通员工，不需要看懂财务报表。事实上，在当今社会，看懂财务报表已经成了一个基本的工作要求，无论是老板还是员工都应该掌握财务报表分析的基本方法。

7.2.1　管理者

如果你是一家企业的管理者，那么你需要看懂财务报表，因为你所在的岗位决定了你有保障企业股东的资产保值、增值的义务，有带领企业发展的责任。只有看懂财务报表中的数字，你才能掌握企业的经营状况、发现自己在管理上的优势和不足，并在此基础上调整自己的管理方式，以促进企业朝着更好的方向发展。

在分析财务报表时，管理者应该关注以下几个要点：

✓ 企业资金结构的合理性；

✓ 企业财务风险的高低；

✓ 企业的经营成果和盈利能力；

✓ 企业的现金流量是否足以支持企业的持续发展；

✓ 企业筹资能力的大小及资产质量状况；

✓ 企业收入的构成情况；

✓ 企业非经常性损益对利润的影响。

管理者只有着重分析以上这几个要点，才能及时发现企业在经营过程中所存在的问题，并据此总结经验和吸取教训，把改善措施落到实处，为企业的下一步决策提供正确的依据。

7.2.2 股东

如果你是一家企业的股东，那么你也需要看懂财务报表。有的股东不一定参与企业的经营，但是他们也不能当"甩手掌柜"，因为企业经营的好坏直接关系到他们的切身利益。股东了解企业经营状况的最重要途径就是分析财务报表。通过分析财务报表，股东可以知道自己投入的资金是否能够保值、增值。

股东要快速掌握财务报表中的信息，就要着重分析两张表格中的内容：一张是资产负债表；另一张是利润表。通过资产负债表，股东能清楚地知道企业的资产结构和负债情况与自己所能享受到的权益。通过利润表，股东能直观地看到企业在经营过程中所取得的利润，而利润的高低决定着股东收入的高低：当利润上升时，说明企业经营状况良好，股东的资产稳步升值；当利润下降时，股东就会有损失，说明企业需要迅速改变以往的经营策略。当发现企业取得的利润减少后，股东们可以召开股东大会，履行相应的义务，向企业的管理层问责，促使其调整企业经营策略，保障企业股东和员工的合法收益。

7.2.3 投资者

如果你是一家企业的投资者，那么你也需要看懂财务报表。"股神"巴菲特之所以能在金融市场上屡屡获利，原因就在于他能充分地了解自己所投资企业的财务信息。巴菲特有个好习惯——他会分析自己所关注企业的财务报表和该企业竞争对手的财务报表——这个好习惯使巴菲特在投资领域无往不利。

为了保证投资回报率，在看财务报表时，投资者要搞懂企业的资本结构、盈利能力、财务风险、发展潜力、股利分配政策等内容，而要搞懂上述这些内容，投资者应做到下面三点：

第一，投资者需要看懂资产负债表，关注"所有者权益（或股东权益）""未分配利润"等项目，并分析企业的资本运用情况。

第二，投资者需要看懂利润表，关注"营业收入""营业成本""净利润"等项目，并分析企业收入的构成和质量情况、成本与收入的配比情况、净利润与收入的匹配程度等。

第三，投资者需要看懂现金流量表，关注经营活动产生的现金净流量与利润是否相匹配，并分析企业收入的构成情况、经营活动产生的现金净流量是否合理、企业是否进行了合理的投资、企业是否有较强的借款能力和发展空间等。

通过分析财务报表，投资者可以得知企业的获利能力和投资回报率，只有当企业能够持续获利，且投资有回报时，他们才会选择投资这家企业。

7.2.4 供应商

如果你是一家企业的供应商，那么你同样需要看懂财务报表。一般来说，为了提高经营效率，有些企业和其供应商之间的经营活动并不采取货到付款的方式而采取赊购、赊销的方式，在这种情况下，供应商就要衡量合作企业的诚信度、偿债能力和现金流量等情况。因此，在选择合作企业时，供应商要通过财务报表来了解合作企业的资信情况[1]，以减少因合作企业缺乏现金支付能力而带来的损失。比如，当某供应商把货物卖给某家企业以后，供应商想要知道自己能不能收回账款及后期会不会有坏账等，此时，这些信息就需要通过分析该购货企业的财务报表来获得。

7.2.5 债权人

如果你是一家企业的债权人，那么你更需要看懂财务报表。企业的偿债能力关系着债权人的切身利益，当企业没有偿债能力时，债权人有可能会遭受巨大损失，因此，通过分析财务报表来了解企业的偿债能力对债权人来说至关重要。

债权人在判断企业是否具有短期偿债能力和长期偿债能力时，需要通过财务报表来分析企业是否有足够的资金、是否具备短期变现能力等，同时也要综合考虑行业的特点、企业的实际情况等。此处我们可以通过银行这个日常生活中较为常见的债权人来理解。在给企业提供贷款时，银行需要考察的对象有很多，而企业的资产负债表是它的重点考察对象，它可以从中看出企业的资产状况、负债情况和盈利情况等。除此以外，银行还要考察企业的信用情况、营运能力、

---

[1] 资信情况是指与信用活动相关的各类经济主体（包括各类企业、金融机构、社会组织和个人）及其金融工具（包括债券、股票、基金、合约等）自主履行其相关经济承诺的能力大小和可信任程度。资信情况反映了经济主体自主偿债能力的强弱。

发展能力、创新能力等，并通过对这些考察对象的分析来综合评价企业的偿债能力，授予企业相应的信用等级（如 AAA、AA、A 三个等级）。所以，企业如果要想从银行获得更多的贷款，就要重视自己的各项财务指标和信用等级。

7.2.6 竞争对手

如果你是一家企业的竞争对手，那么你一定要关注这家企业的财务报表。俗话说："商场如战场。"企业之间的竞争是十分激烈的，只有做到"知己知彼"，才能实现"百战不殆"。企业如果想要超越竞争对手，就要关注对方的财务报表。通过分析竞争对手的财务报表，企业可以了解对方的资产状况、经营状况，并据此分析自己的竞争优势，进而制定合适的经营策略，只有这样企业才能在竞争中立于不败之地。同时，分析竞争对手的财务报表也可以帮助企业了解同行企业的真实财务状况，为兼并和收购做好准备。

7.2.7 客户

如果你是一家企业的客户，那么你也一定要关注这家企业的财务报表，因为当企业发生重大危机时，你很有可能也会跟着蒙受损失。作为企业的客户，你不能仅仅依赖于企业提供的产品和信息，你更要通过财务报表来自主分析企业的供货源是否稳定及其能否保障你的产品需求等，这样可以使你在面对以后可能出现的突发情况时能够采取有效的应对措施，降低自己的风险和损失。此处我们可以通过一个例子来理解。A 公司要选择一家供应商，它最关心的应该是什么呢？自然是供应商的规模、货物质量、货物价格、距离远近等。可是，市面上符合 A 公司条件的供应商有很多，它应该怎样选出最适合自己的那一家呢？这时就需要看一看符合条件供应商的财务报表了，通过分析它们的财务报表，A 公司可以看出各供应商的真正实力，并最终决定选择哪一个。

7.2.8 员工

如果你和小王一样，是一家企业的员工，那么你需要看懂财务报表。企业运营状况的好坏直接关系到员工的工资待遇和福利，而且只有当企业有好的发展前景时，员工才能有长期而稳定的工作，并能获得一个好的发展平台。通过分析企业的财务报表，员工对企业的资产规模、盈利水平能有一个清晰的认识，那么，当员工觉得企业能为自己提供很好的发展平台和机遇时，就会不断提升自身水平，以适应企业的发展，从而获得更高的工作成就。

7.2.9 税务人员

如果你是一个税务人员，那么你一定要看懂财务报表。税务人员在检查企业的纳税情况时会综合比较多个财务报表，以达到掌握企业真实经营状况，防止偷税、漏税的目的。一般来说，税务人员会结合企业相关的纳税申报、纳税记录和企业的财务报表，对比企业的盈利水平、综合税负、单项税负、应纳税额与实际缴纳税款的差额等，并根据得出的结果来确定企业的真实经营状况。看懂财务报表，是税务人员的基本工作要求。

财报
小课堂

除了上述人员，财务人员更有必要看懂财务报表。通常来说，能在企业中担任财务部门负责人职位的人，都是精通财务报表分析、能够参与企业管理的财务人员。如果普通财务人员想要获得职位晋升，就必须精通财务报表，既要会编制，又要会分析。

实操笔记

【写一写】投资者需要看懂财务报表吗？他们需要看懂哪几张表格？请在下面写出来。

♻ 7.3 财务报表分析的基本方法

巴菲特认为，只有愿意花时间学习如何分析财务报表的人，才能够独立地选择投资目标，可见，财务报表的分析方法是投资者等从事商业活动的人必学的功课。要想真正地学好财务报表分析，我们要先了解它的四种最基本的方法：比率分析法、比较分析法、因素分析法和趋势分析法。

7.3.1 比率分析法

比率分析法是指通过计算相关项目之间的比率来分析和评价企业的财务状况及在企业的管理和经营中存在的问题的方法，它是最基本、最重要的财务报表分析方法。在比率分析法中，常见的比率主要有偿债能力比率、盈利能力比率、成长能力比率和周转能力比率，这四类比率也是财务报表分析中最常用的参考指标。

1. 偿债能力比率

企业的偿债能力包括短期偿债能力和长期偿债能力，所以偿债能力比率就包括短期偿债能力比率和长期偿债能力比率。其中，短期偿债能力是指企业将资产转变为现金用以偿还债务的能力；而短期偿债能力比率是指反映企业短期偿债能力的比率，包括流动比率、速动比率、现金流动负债比率，以及流动资产构成比率等。长期偿债能力是指企业偿还长期债务的能力；而长期偿债能力比率是指能够反映企业长期偿债能力的比率，包括股东权益对负债比率、负债对股东权益比率、长期负债率、举债经营比率（资产负债率）、产权比率、固定资产比率、固定资产对长期负债比率，以及利息保障倍数等。常用的偿债能力比率如表 7-1 所示。

表 7-1　常用的偿债能力比率

比率	含义或作用	计算公式	说明
常用的短期偿债能力比率			
流动比率	该比率是衡量企业短期偿债能力的最通用的指标	流动比率＝流动资产／流动负债×100%	该比率越高，企业偿还短期债务的能力越强；该比率越低，企业偿还短期债务能力越弱。财务健全的企业，其流动比率不得低于 100%，一般维持在 200% 左右较为合适
速动比率	该比率是衡量企业到期清算能力的指标	速动比率＝速动资产／流动负债×100%=（流动资产－存货）／流动负债×100%	该比率的最低限为 50%，如果它能维持在 100% 左右，那么说明流动负债的安全性较有保障，即使企业资金周转发生困难，亦不致影响企业的即时偿债能力
现金流动负债比率	该比率可以从现金流量角度来反映企业当期偿付短期负债的能力	现金流动负债比率＝年经营现金流量净额／年末流动负债×100%	该比率越高，说明企业经营活动产生的现金净流量越多，企业按期偿还到期债务的能力就越强。如果该比率高于 100%，那么说明企业对流动负债的偿还有可靠保证；但是，如果该比率过高，那么说明企业对流动资金的利用不充分，盈利能力不强
流动资产构成比率	该比率是检测流动资产构成内容的指标	流动资产构成比率＝每项流动资产／流动资产总额×100%	分析该比率的作用在于了解每项流动资产所占用的投资额
常用的长期偿债能力比率			
股东权益对负债比率	该比率可以反映企业每 100 元负债中的自有资本抵偿数额，即自有资本占负债的比例	股东权益对负债比率＝股东权益／负债总额×100%	该比率越高，说明企业自有资本越雄厚，债权人的权益越有保障；该比率越低，说明企业负债越重，债权人的权益越没有保障
负债对股东权益比率	该比率是股东权益对负债比率的倒数，可以反映企业每 100 元资本所吸收的负债	负债对股东权益比率＝负债总额／股东权益×100%	该比率越高，说明债权人或者潜在的债权人所承担的风险越高

续表

比率	含义或作用	计算公式	说明
长期负债率	该比率可以反映企业在清算时可用于偿还非流动负债的资产保证	长期负债率＝非流动负债／资产总额×100% 从稳健原则出发，计算该比率时，应剔除非流动资产中的无形资产部分。那么公式变为：长期负债率＝非流动负债／（资产总额－无形资产）×100%	该比率越低，说明企业的长期偿债能力越强，债权人的权益越有保障
举债经营比率（资产负债率）	该比率可以反映企业资产总额中的债权人投资额	举债经营比率＝负债总额／资产总额×100%	通过该比率我们可以测知企业扩展经营能力的大小，并分析其股东权益的运用程度。该比率较高的企业虽然承担较多的风险，但也有机会获得更多的利润，为股东带来更多的收益；该比率较低的企业，其借贷的利息将由股东权益补偿
产权比率	该比率是股份制企业中的负债总额与股东权益总额的比率，是用来评估资金结构合理性的指标	产权比率＝负债总额／股东权益×100%	该比率越高，说明企业偿还长期债务的能力越弱；该比率越低，说明企业偿还长期债务的能力越强。当该比率低于100%时，说明企业有偿债能力，但应该结合企业的具体情况加以分析
固定资产比率	该比率是指固定资产与资产总额的比率，它用来观察企业固定资产有无资金闲置的现象	固定资产比率＝固定资产／资产总额×100%	该比率越低，说明企业的营运能力越强，偿债能力也越强
固定资产对长期负债比率	该比率可以反映企业有多少固定资产可供长期借贷的抵押担保，也可以反映长期债权人权益安全保障的程度。	固定资产对长期负债比率＝固定资产／长期负债×100%	一般认为，该比率应超过100%，否则，说明企业的财务状况不健康，也说明企业的财产抵押已达到最大限度，必须另辟融资渠道。该比率越高，越能保障长期债权人的权益
利息保障倍数	该比率是衡量企业偿付债务利息能力的指标	利息保障倍数＝（利息费用＋税前盈利）／利息费用	该比率越高，说明债权人每期可收到的利息越有安全保障

2.盈利能力比率

盈利能力比率是指反映企业盈利能力的比率，主要包括资产报酬率、资本报酬率、股本报酬率、股东权益报酬率、每股账面价值、普通股利润率、销售利润率、销售毛利率、营业利润率，以及税前利润率等。常用的盈利能力比率如表 7-2 所示。

表 7-2　常用的盈利能力比率

比率	含义或作用	计算公式	说明
资产报酬率	该比率表示企业全部资产获取收益的水平，可以全面反映企业的获利能力和投入产出状况	资产报酬率＝（净利润＋利息费用＋所得税）/ 平均资产总额×100%	该比率越高，说明企业资产利用效率越高，且企业在增加收入、节约资金使用等方面取得了良好的效果；该比率越低，说明企业资产利用效率越低，应分析差异原因，提高销售利润率，加速资金周转，提高企业经营管理水平
资本报酬率	该比率是衡量企业运用所有资本所获得经营成效的指标	资本报酬率＝税后盈利（净收益）/ 资本总额（股东权益）×100%	该比率较高，说明企业资本的利用效率较高；该比率较低，说明企业资本未得到充分利用
股本报酬率	该比率可以反映企业分配股利的能力	股本报酬率＝税后盈利 / 总股本×100%	该比率越高，说明企业分配股利越高；反之，说明企业分配股利越低，需要动用留存收益
股东权益报酬率	该比率是指普通股的投资者委托企业管理者应用其资金所能获得的投资报酬率	股东权益报酬率＝（税后盈利－优先股利）/ 股东权益×100%	该比率可用于衡量普通股权益所得报酬率的高低，也可用于检测企业产品的利润空间的大小及销售收入的高低，该比率越高，说明产品的利润空间越大
每股账面价值	该比率是股东权益总额与股票发行总股数的比率，将每股账面价值与每股票面价值相比较，可以看出经营状况的好坏	每股账面价值＝股东权益总额 /（优先股数＋普通股数）	通常经营状况良好、财务健全的企业，其每股账面价值必定高于每股票面价值。另外，如果每股账面价值逐年提高，那么说明该企业的资本结构越来越健全

续表

比率	含义或作用	计算公式	说明
普通股利润率	该比率是指普通股每股账面价值与普通股每股市价之间的比率，是投资者在比较各种投资机会时需要用到的一个重要指标	普通股利润率＝普通股每股账面价值／普通股每股市价×100%	该比率较高，说明企业股票的质量较好，获利能力也高，对投资者的吸引力较大
销售利润率	该比率是衡量企业销售收入收益水平的指标	销售利润率＝税后利润／销售收入×100%	该比率的高低可以反映企业获利能力的强弱
销售毛利率	该比率是指毛利与销售净收入的比率，简称毛利率	销售毛利率＝（销售净收入－产品成本）／销售净收入×100%	该比率是销售净利率的基础，没有足够多的毛利率便不能盈利。该比率越高，说明企业销售成本在销售净收入中所占的比重越小，在期间费用和其他业务利润一定的情况下，销售利润就越高。该比率还与企业的竞争力和企业所处的行业有关
营业利润率	该比率可以综合反映一家企业或一个行业的营业效率	营业利润率＝营业利润／全部业务收入×100%	该比率越高，说明企业的商品销售额所提供的营业利润越多，企业的盈利能力越强；该比率越低，说明企业的盈利能力越弱
税前利润率	该比率可以反映企业的资本结构和融资结构对企业获利能力的影响	税前利润率＝税前利润／销售收入×100%	税前利润率与营业利润率的区别仅在于增加了利息的影响，在衡量企业的获利能力时，最好综合分析这两个比率

3. 成长能力比率

成长能力比率是指反映企业成长能力（发展能力）的比率，可以用来分析和检测企业扩展经营的能力。成长能力比率主要包括利润留存率、再投资率、净利润增长率、销售收入增长率、销售利润增长率（营业利润增长率）、主营利润增长率，以及总资产增长率等。常用的成长能力比率如表7-3所示。

表 7-3　常用的成长能力比率

比率	含义或作用	计算公式	说明
利润留存率	该比率可以反映企业的税后利润（盈利）有多少用于发放股利，有多少用于留存收益和扩展经营	利润留存率=（税后利润－应发股利）/税后利润×100%	该比率越高，说明企业越重视发展的后劲，不致因发放股利过多而影响企业未来的发展；该比率越低，说明企业经营不顺利
再投资率	该比率可以反映企业用其盈余所得再投资以支持企业成长的能力	再投资率=（税后利润/股东权益）×［（股东盈利－股息支付）/股东盈利]=资本报酬率×股东盈利保留率 其中：股东盈利保留率=（股东盈利－股息支付）/股东盈利；股东盈利=每股盈利×普通股发行数	该比率越高，企业扩大经营的能力就越强
净利润增长率	该比率可以反映企业当期净利润比上期净利润增长的幅度	净利润增长率=（当期净利润－上期净利润）/上期净利润×100%	该比率越高，说明企业盈利能力越强
销售收入增长率	该比率可以反映企业某一段时间销售收入的变化程度	销售收入增长率=（新的销售收入－原销售收入）/原销售收入×100%	该比率越高，说明企业产品的销售量越多，产品的市场占有率越高，未来的发展前景乐观
销售利润增长率（营业利润增长率）	该比率可以反映企业营业利润的增减变动情况	销售利润增长率=（本年销售利润总额－上年销售利润总额）/上年销售利润总额×100%	该比率越高，说明企业的盈利能力越强，成长能力也越强；反之，则说明企业的成长能力越弱。相比净利润增长率，该比率剔除了非经常性损益带来的影响，能更稳定地反映企业赚取利润能力的增强

比率	含义或作用	计算公式	说明
主营利润增长率	该比率可以反映企业主营利润的增长速度，即企业主营业务的获利水平	主营利润增长率=（本期主营业务利润－上期主营业务利润）/上期主营业务利润×100%	主营利润稳定增长且占利润总额的比例呈增长趋势的企业正处在成长期。如果出现利润总额增幅较大，但主营业务利润却未相应增加，甚至大幅下降的现象，说明这家企业的成长能力不强
总资产增长率	该比率可以反映企业本期资产规模的增长情况	总资产增长率=本年总资产增长额/年初资产总额×100%	发展性高的企业一般能保持资产的稳定增长。该比率越高，说明企业在一定时期内资产规模扩张的速度越快，但不要盲目扩张，要关注资产规模扩张的质量和企业的后续发展能力

4.周转能力比率

周转能力比率是指反映企业周转能力的比率，主要包括应收账款周转率、存货周转率、固定资产周转率、资本周转率，以及总资产周转率等。常见的周转能力比率如表 7-4 所示。

表 7-4   常见的周转能力比率

比率	含义或作用	计算公式	说明
应收账款周转率	该比率可以反映企业应收账款金额是否合理及收款效率高低	应收账款周转率=赊销收入净额/应收账款平均余额×100%	该比率越高，则应收账款每周转一次所需天数越短，说明企业应收账款周转速度越快，企业的销售能力越强；该比率越低，则应收账款每周转一次所需天数越长，说明企业应收账款的变现过于缓慢及应收账款的管理缺乏效率

比率	含义或作用	计算公式	说明
存货周转率	企业的存货与销货之间，必须保持合理的比率。存货周转率就是衡量企业销货能力强弱和存货是否过多或短缺的指标	存货周转率＝销售成本／［（期初存货＋期末存货）/2］＝销售成本／平均存货	该比率越高，说明存货周转速度越快，企业控制存货的能力越强，利润率越高，营运资金投资于存货上的金额也越少；反之，则说明存货过多，不仅会导致资金积压，影响资产的流动性，还会增加仓储费用与产品的损耗
固定资产周转率	该比率反映固定资产全年的周转次数，可以用于检测企业固定资产的利用效率	固定资产周转率＝销售收入／固定资产平均金额×100%	该比率越高，说明固定资产的周转速度越快，固定资产的闲置越少。不过，该比率也不是越高越好，太高则说明固定资产的过分投资，会缩短固定资产的使用寿命
资本周转率	该比率可以用于分析股东所投入的资金是否得到充分利用	资本周转率＝销售收入／股东权益平均金额×100%	该比率越高，说明资本周转速度越快，运用效率越高；但如果该比率过高，则说明企业自有资本少，过分依赖举债经营
总资产周转率	该比率是衡量企业总资产是否得到充分利用的常用指标	总资产周转率＝销售收入／资产总额×100%	该比率越高，说明企业总资产的周转速度越快；该比率越低，说明企业总资产周转速度越慢

　　上述四类比率可以比较全面地反映企业的经营状况和财务状况，我们可以根据自己的需求选择相应的比率进行计算和分析。

　　我们在运用比率分析法进行财务报表分析时，要注意下面四个要点：

　　✓ 选择的分析项目要有可比性和相关性；

　　✓ 对比口径要一致，即比率的分子和分母必须在时间、范围等方面保持口径一致；

　　✓ 分析要结合实际，充分考虑行业因素对比率的影响及企业生产经营情况的差异性；

　　✓ 要将各种比率有机结合，进行全面分析，不要孤立地评价某个比率。

　　在第10章中，我们将结合具体问题进一步介绍四类比率的运用方法。

7.3.2　比较分析法

比较分析法是一种通过比较多家企业的同期财务报表或一家企业的多期财务报表中的主要项目或指标数值的增减变动的方向、数额和幅度来说明企业财务状况、经营成果和现金流量变化趋势的分析方法。

比较分析法的主要作用是发现各财务报表中的差异并找到差异产生的原因，进而衡量企业的财务状况和经营成果，确定企业生产经营活动的收益性和资金投向的安全性。比较分析法有许多不同的种类，我们可以根据比较对象和比较基准的不同对比较分析法进行分类。比较分析法的分类如图 7-3 所示。

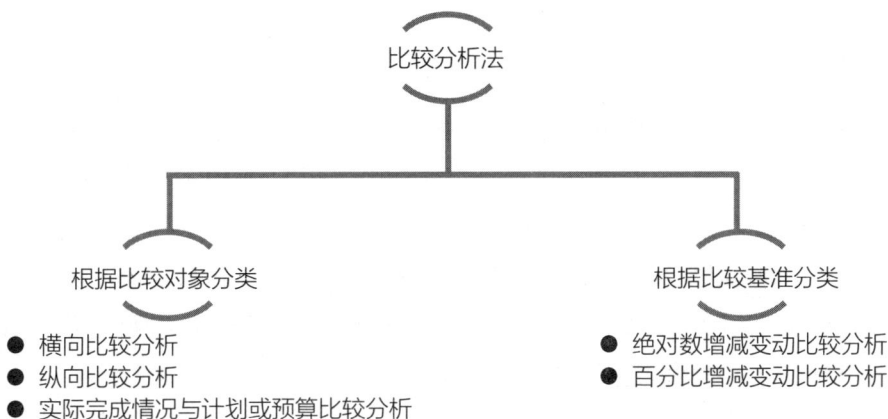

图 7-3　比较分析法的分类

1. 根据比较对象分类

根据比较对象的不同，我们可以将比较分析法分为横向比较分析、纵向比较分析、实际完成情况与计划或预算比较分析。

（1）横向比较分析

横向比较分析是指将企业的财务报表及其相关数据与优秀同行企业的同类数据进行比较，以此为依据评价企业财务状况和经营成果的好坏。我们在进行企业间的横向比较时，通常采用相对数、平均数及相关指标来进行差异分析。

（2）纵向比较分析

纵向比较分析是指将企业本期财务报表及其相关数据与以前各期的同类数据进行比较，是企业内部的比较。通过纵向比较，我们可以评价企业财务状况和经营成果的变化规律及趋势。我国上市公司发布的年度财务报表都会按规定披露最近三年的主要会计数据和财务指标。

（3）实际完成情况与计划或预算比较分析

将企业本期财务报表及其相关数据与本期计划或预算进行比较，从中我们可以看出指标的实际完成情况与计划或预算之间的差别，并反映出计划的完成情况。我国上市公司发布的年度财务报表都会按规定披露本年度主要财务数据和计划数据之间的差距及造成差距的原因。

2. 根据比较基准分类

根据比较基准的不同，我们可以将比较分析法分为绝对数增减变动比较分析和百分比增减变动比较分析。

（1）绝对数增减变动比较分析

绝对数增减变动比较分析是直接将财务报表中的数值进行比较，继而根据得出的数值间的差距进行财务报表分析的方法，比如，将财务报表中的某科目的本期余额与此科目的上期余额相比较，或者与此科目的相关预算数额相比较等。在进行绝对数增减变动比较分析时，我们可以编制"比较财务报表"，即将多期财务报表的相关项目并列列示，直接观察各个项目的绝对数值增减变动情况。为了让绝对数的增减变动情况更清晰，我们可以在"比较财务报表"中增添"增减金额"栏以直接显示出各个比较项目之间的差额，这样我们就能一目了然地看出各个项目的绝对数的增减变动情况。

（2）百分比增减变动比较分析

绝对数增减变动比较分析虽然可以直接显示各个项目增减变动的数额，但无法消除项目绝对总量因素的影响。比如，通过绝对数增减变动比较分析，我们可以分析出某资产负债表中的某个项目比去年同期增加了 50 万元，但仅凭这一数据我们无法判断出该项目的增减变动幅度，所以，我们需要进行百分比增减变动比较分析。

所谓百分比增减变动比较分析，就是在绝对数增减变动分析的基础上计算出增减变动百分比，以得出增减变动的幅度。增减变动百分比的计算公式如下：

增减变动百分比 = 增减数值 / 基期数值（或参照数值）

不过，百分比增减变动分析也有其局限性：增减变动百分比的计算会受基期数值的影响。关于百分比增减变动分析的局限性及其解决方法具体如下所示：

　　✓ 当基期数值为负数时，按公式计算出的增减变动百分比的正负会与增减
　　　数值的正负相反，此时，应取计算出的增减变动百分比的相反数；

　　✓ 当基期数值太小时，小幅度的增减数值变动可能会引起百分比的大幅度
　　　变动，容易引起误解，此时，应放弃使用百分比分析法，仅分析项目的
　　　绝对数增减变动情况。

　　我们在运用比较分析法进行财务报表分析时，一定要保证对比指标之间有
可比性，如果对比指标之间不具备可比性，就会得出不正确的结论。对比指标
的可比性是指相互比较的指标必须在指标内容、计价基础、计算口径、时间长
度等方面保持一致。

7.3.3　因素分析法

　　因素分析法是从数值上测定各个相互联系的因素对财务报表中某一财务指
标影响程度的分析方法，所以，这种方法可以用来查明各个相互联系的因素对
某一财务指标的影响程度，有助于我们分清产生影响的主要责任和次要责任。
也就是说，通过因素分析法，我们可以针对企业的某个问题，找出其主要影响
因素，借此主要影响因素来解决问题。

　　因素分析法也可以叫作因素替代法，因为在运用这种方法测定相关因素对
某一财务指标影响程度的时候，需要用到替代法。那么，我们到底如何运用因
素分析法呢？

　　首先，我们要根据影响财务指标的相关因素列出关系式，因为关系式可以
帮助我们确定各因素与财务指标的具体关系。

　　然后，我们按照一定的顺序逐个替代各因素，并将每次替代所计算的结果
与该因素被替代前的结果进行比较，两者的差额就是这一因素变动对财务指标
差异的影响程度。此时要注意，在依次替代诸因素时，须假定当一个因素变动时，
其他因素不变，直到将把所有因素都替换成实际数（本年数额）。

　　最后，将各因素变动的影响数额相加，其代数和应同该财务指标的实际数
（本年数额）与基数（上年数额）的总差异数相等，我们可以据此校验分析结
果是否正确。

看到这里，有人可能还是不太明白因素分析法的具体分析步骤，接下来我们结合具体案例来看一看究竟应该如何进行因素分析。A 公司销售毛利的增减变动情况如表 7-5 所示，我们将针对 A 公司的销售毛利进行因素分析。

表 7-5 A 公司销售毛利的增减变动情况

项目	本年	上年	增加	增幅
销量（千克）	2 400	2 000	400	20%
单位销售收入（元 / 千克）	3 900	4 000	−100	−2.5%
单位销售成本（元 / 千克）	2 200	2 500	−300	−12%
销售毛利（万元）	408	300	108	36%

针对 A 公司的销售毛利进行因素分析的步骤如下：

1. 列出关系式，确定各因素与财务指标的具体关系

由表 7-5 可得关系式：销售毛利 = 销量 ×（单位销售收入 − 单位销售成本）

从上面列出的关系式中可以看出，销售毛利这一财务指标的影响因素包括销量、单位销售收入、单位销售成本，所以，这些因素就是我们的分析对象。下面，我们将表 7-5 中的数值代入关系式计算出上年销售毛利。

计算公式：销售毛利① = 上年销量 ×（上年单位销售收入 − 上年单位销售成本）

计算结果：销售毛利① =2 000×（4 000−2 500）=300（万元）

2. 逐个替代各因素，计算和比较替代结果

（1）替代"销量"因素，即用"本年销量"替代"上年销量"，并计算"销量"因素变动的影响数额。

计算公式：销售毛利② = 本年销量 ×（上年单位销售收入 − 上年单位销售成本）

计算结果：销售毛利② =2 400×（4 000−2 500）=360（万元）

"销量"因素变动的影响数额 = 销售毛利② − 销售毛利① =360−300=60（万元）

（2）替代"单位销售收入"因素，即用"本年单位销售收入"替代"上年单位销售收入"，并计算"单位销售收入"因素变动的影响数额。

计算公式：销售毛利③＝本年销量×（本年单位销售收入－上年单位销售成本）

计算结果：销售毛利③＝2 400×（3 900－2 500）＝336（万元）

"单位销售收入"因素变动的影响数额＝销售毛利③－销售毛利②＝336－360＝－24（万元）

（3）替代"单位销售成本"因素，即用"本年单位销售成本"替代"上年单位销售成本"，并计算"单位销售成本"因素变动的影响数额。

计算公式：销售毛利④＝本年销量×（本年单位销售收入－本年单位销售成本）

计算结果：销售毛利④＝2 400×（3 900－2 200）＝408（万元）

"单位销售成本"因素变动的影响数额＝销售毛利④－销售毛利③＝408－336＝72（万元）

3. 加总影响数额，校验分析结果

计算公式：各因素变动的总影响数额＝"销量"因素变动的影响数额＋"单位销售收入"因素变动的影响数额＋"单位销售成本"因素变动的影响数额

计算结果：各因素变动的总影响数额＝60－24＋72＝108（万元）

上述计算结果与表 7-5 中的销售毛利增加额数值"108"相同，这表明我们的分析结果是正确的。

财报小课堂

在实际分析中，只要是乘积关系（乘法）和商除关系（除法）的因素，都可以采用因素分析法来计算和分析。因素分析法多用于利润分析和成本费用分析，我们可以利用因素分析法来分析各因素对企业利润增减变动的影响程度，或各种成本费用对企业总成本费用增减变动的影响程度。

当我们在运用因素分析法时，应该注意下面所提到的问题。

第一，各影响因素要与财务指标存在客观上的因果关系，也就是说，由各影响因素组成的关系式要如实反映财务指标的构成原因，否则，这些影响因素就没有分析的价值。

第二，要按顺序替代各因素。我们在进行因素替代时，要按照一定的顺序依次替代，否则就会造成计算结果的错误。那么，我们应如何确定替代顺序呢？遵循下面两个原则即可：

　　✓ 在数量因素[1]和质量因素[2]同时存在的情况下，数量因素在先，质量因素在后；

　　✓ 在因素较多且数量因素、质量因素同时存在的情况下，应是主导因素[3]在先，派生因素[4]在后。

第三，替代和计算要有连环性。在进行替代和计算时，我们必须按顺序逐一进行连环替代和计算，如果不进行连环替代和计算，就会使各因素变动的影响数额之和不等于财务指标的实际数（本年数额）与基数（上年数额）的总差异数，使分析结果出现错误。

第四，计算结果带有假定性。在进行连环替代和计算的过程中，各因素变动的影响数额会因替代顺序的不同而各有差别，因此其计算结果带有假定性。也就是说，我们不可能使每个因素的计算结果都达到绝对标准，只能在某种假定前提下说明影响结果。我们在运用因素分析法的过程中，要使假定合乎逻辑，以保证分析的有效性。

7.3.4　趋势分析法

趋势分析法是根据企业若干个连续会计期间的财务报表进行财务分析时所用到的方法，这种方法主要通过动态比率的计算来比较和研究不同会计期间相关项目的变动情况和发展趋势，因此也可以被叫作动态比较法。趋势分析法既可以用来进行财务报表的整体分析，也可以用来针对某些主要指标进行重点分析。一般情况下，我们可以通过以下三个步骤来运用趋势分析法。

---

[1] 数量因素是指实际的使用数量脱离设立的模型内标准数量。
[2] 质量因素是指涉及价格等与事件质量相关的因素脱离设立的模型内标准数量。
[3] 主导因素是对事物的发展起主要作用的因素，也可以认为是重要因素。
[4] 派生因素是次要因素，是随主导因素产生的因素。

第一步是计算动态比率。动态比率有两种：定基动态比率和环比动态比率。

定基动态比率是以某一时期的数值为固定的基期数值而计算出来的动态比率，其计算公式为：

定基动态比率 = 分析期数值 / 固定基期数值 ×100%

比如，我们以 2017 年为固定基期来分析 A 公司 2018 年、2019 年的利润增长比率。A 公司 2017 年的净利润为 100 万元，2018 年的净利润为 125 万元，2019 年的净利润为 150 万元，则 A 公司 2018 年、2019 年的定基动态比率为：

2018 年的定基动态比率 =125/100=125%

2019 年的定基动态比率 =150/100=150%

环比动态比率是以每个分析期的前期数值为基期数值而计算出来的动态比率，其计算公式为：

环比动态比率 = 分析期数值 / 前期数值 ×100%

我们仍以上面提到的 A 公司举例，则 A 公司 2018 年、2019 年的环比动态比率为：

2018 年的环比动态比率 =125/100=125%

2019 年的环比动态比率 =150/125=120%

第二步是根据计算结果，评价分析对象的变动趋势。

第三步是根据分析对象的变动趋势预测企业未来的发展趋势，并总结其变动规律。准确预测企业未来发展趋势的关键在于对比。要找准企业的对比标杆，可以让企业与自己比，也可以让其与同行比，还可以让其与同行上市公司比，这取决于财务报表使用者的需求。

在分析财务报表时，不能只局限于数据，因为数据只是表层，财务报表使用者要透过各种比率、指标来深入剖析财务报表，还要根据比率、指标的变动来判断企业未来的发展趋势和变动规律；同时，对比是财务报表分析中的关键环节，要找准企业的对比标杆，只有通过对比，财务报表使用者才能得出更合理的结论。

实操笔记

【算一算】1.反映企业偿债能力的比率有哪些？请在下面写出来。

2.请根据下列资料，分析某产品2019年销售利润的完成情况，并计算各因素变动对财务指标的影响数额。

	2019年计划	2019年实际
销量（台）	100	80
单价（元）	2 000	2 200
单位成本（元／台）	1 500	1 450

答案："销量"因素变动的影响数额：-10 000元

"单价"因素变动的影响数额：16 000元

"单位成本"因素变动的影响数额：4 000元

♻ 7.4　财务报表分析的四个步骤

财务报表分析没有固定的程序，也没有"放之四海皆准"的方法，因为分析财务报表是一个探究的过程，探究的目的不同，所采用的程序和方法也会有所区别。本节只介绍最基本的分析步骤，大家在实际工作中可以根据自己的需要进行灵活调整。

7.4.1　确定分析目的和分析目标

财务报表分析的第一个步骤是确定分析目的和分析目标。

1. 确定分析目的

因为目的的不同，财务报表使用者进行财务报表分析时的侧重点也会有所不同：企业债权人分析财务报表的目的是了解企业的偿债能力，为其借贷、投资行为提供决策依据；企业股东分析财务报表的目的是了解企业的投资价值、投资前景和经营状况；企业管理者分析财务报表的目的是及时掌握企业的财务状况和经营成果，及时发现问题并且迅速做出调整；税务机关分析财务报表的目的是核查纳税义务人是否依法履行纳税义务；等等。

2. 确定分析目标

我们可以按照分析类型和分析形式的不同对财务报表的分析目标进行分类。其中，按照分析类型的不同，财务报表的分析目标可以分为以下四种：

✓ 信用分析——分析企业的偿债能力和支付能力；

✓ 投资分析——分析投资的安全性和盈利性；

✓ 经营决策分析——为企业在产品、生产结构和发展战略方面的重大调整提供依据；

✓ 税务分析——分析企业的纳税状况。

按照分析形式的不同，财务报表的分析目标可以分为以下四种：

- ✓ 日常经营分析——分析企业经营的实际完成情况及其与企业目标偏离的情况；

- ✓ 总结分析——对企业当期的经营和财务状况进行全面分析；

- ✓ 预测分析——弄清企业的发展前景；

- ✓ 专项分析——针对企业存在的某些问题，进行专题研究。

7.4.2　制定分析方案

为了制定合理的分析方案，分析者要根据资料分量的大小、问题的难度和深度，安排相应的分析内容和计划。比如，在进行有关销售的专项分析时，分析者就应重点收集企业当期和往期的销售额、销售量和毛利率等数据，同时不能忽视不同产品、不同部门、不同区域的销售数据，只有这样才能制定出合理的分析文案。

财报
小课堂

　　主要的财务分析方法有四种（比率分析法、比较分析法、因素分析法、趋势分析法），我们应根据不同的分析目的来确定分析方法。比如，对企业资产流动性的分析，一般采用比率分析法；对企业成长能力及其在行业中竞争力的分析，一般采用比较分析法；对企业计划执行情况的分析，一般采用因素分析法；对企业未来发展趋势的预测，一般采用趋势分析法。

7.4.3　收集、整理相关资料

影响企业经济活动的因素有很多，而财务报表中的会计信息只能反映一定时期的经营成果和财务状况，并不能反映企业经济活动发生、发展的全过程和产生当前结果的原因，因此，我们需要多方收集相关资料，并对它们进行整理和归纳。

一般来说，我们需要收集以下两个方面的资料：宏观信息方面的资料，即国家有关法律法规、产业政策、经济环境、通货膨胀等方面的资料；微观信息方面的资料，即企业内部信息的资料，或者企业所属行业状况的资料。

我们还要对收集到的资料进行整理：首先，我们要对资料进行审核，验证资料的真实性和准确性；然后，我们要对资料进行整理和归纳，剔除过时、重复的资料；最后，将资料进行分类和排序。

7.4.4 得出分析结论

当确定好分析目的和分析目标，制定好分析方案，并收集、整理好相关资料后，就可以进行财务报表分析了，在分析财务报表的过程中，依据不同的目的和目标可以得出不同的分析结论。为了将分析结论以更加专业的方式呈现出来，财务人员往往需要撰写财务分析报告，并在财务分析报告中对分析时期、分析过程、分析方法、分析依据、分析资料和分析的局限性等做出说明。财务人员在撰写财务分析报告时应做到准确、严谨，不过，可以在形式上进行适当的创新，比如，用图表的形式呈现分析结果，以此让财务分析报告更加生动、易懂。

财务分析报告一般不要求固定的格式，但其内容要突出重点、分析透彻、有实有据、观点鲜明。最重要的是，财务分析报告是为报送对象服务的，也就是说，财务人员编制的财务分析报告要符合报送对象的要求。

经济发展充满了不确定性，时间会让财务报表中的信息不断发生变化，新的资料也会不断产生。今年的财务报表分析结论，等明年再看时，或许就不够全面了，此时就需要补充新资料，并剔除旧资料。可见，财务报表分析是一项连续性的工作，分析者要关注过去、现在和未来。

实操笔记

【写一写】财务报表分析的四个步骤分别是什么？请在下面写出来。

_____

_____

第 8 章

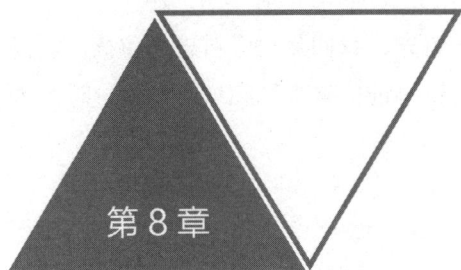

技巧：分析财务报表，捕捉关键财务信息

　　财务报表分析建立在四大主表之上，只有掌握了四大主表的分析技巧，财务报表使用者才能深入地理解企业的财务状况。

♻ 8.1 资产负债表分析

通过资产负债表，我们可以知道一家企业有多少资产，但是，表中的数据不会直接告诉我们企业资产的好坏，所以，我们要进行资产负债表分析。所谓资产负债表分析，就是通过数据揭示出企业资产的真实状况。

8.1.1 资产负债表揭示的真相

敏锐的财务报表使用者可以从资产负债表中看出真相。资产负债表揭示的五大真相如图 8-1 所示。

图 8-1 资产负债表揭示的五大真相

1.企业资产的质量

资产负债表能反映出企业拥有或控制的经济资源，即企业资产的总规模和它们的具体分布状态。因为企业的经营活动受不同形态资产的影响，所以我们可以通过对企业资产结构的分析来判断企业资产的质量。

2.企业的短期偿债能力

如果你想要判断企业的短期偿债能力，那么可以重点关注资产负债表中的以下内容：

  ✓ 流动资产（一年内可以或准备转化为现金的资产）；
  ✓ 速动资产（流动资产中变现能力较强的货币资金、债权、短期投资等）；
  ✓ 流动负债（一年内应清偿的债务责任）。

3. 企业的长期偿债能力和举债经营能力

如果你想要判断企业的长期偿债能力和举债经营能力，那么必须分析企业的债务规模、债务结构，以及所有者权益；同时，企业的偿债能力、举债经营能力与负债权益比率（负债权益比率 = 负债总额 / 所有者权益总额 ×100%）也有很大的关系，该比率越低，说明企业的财务能力越强，长期偿债能力和举债经营的能力也越强。

4. 企业财务状况的发展趋势

如果你想要判断企业财务状况的发展趋势，那么就不能只分析某一特定时点的资产负债表，而是要对比分析企业不同时点的资产负债表；如果你想要判断不同企业的相对财务状况，那么需要将不同企业同一时点的资产负债表进行对比分析。只有这样，才能得出比较客观的结论。

5. 企业各项资源的利用情况

如果你想要判断企业各项资源的利用情况，那么可以将资产负债表与利润表相关项目相比，然后利用所得出的比率来达成目的。

8.1.2　资产负债表的分析要点

完全没有接触过财务知识的人，如果他想学习分析资产负债表，那么在最开始的学习中，他应该重点关注资产负债表的三大分析要点。资产负债表的三大分析要点如图 8-2 所示。

图 8-2　资产负债表的三大分析要点

1.关注企业的总资产

企业的总资产反映了企业的规模，总资产的增减变动和企业负债、所有者权益的变化有着莫大的关系。一般来说，当所有者权益的增长幅度大于资产总额的增长幅度时，企业的资金实力就会得到显著提升；反之，企业的资金实力会显著下降，此时，企业的偿债能力也会随之减弱，而债务规模会大规模扩大。因此，我们在分析资产负债表时要重点关注企业的总资产。

2.分析期初、期末数据变化大的项目或出现大额红字的项目

要看懂资产负债表，就需要分析期初、期末数据变化很大或出现大额红字的项目，这些项目包括流动资产、流动负债、固定资产、有代价或有息的负债（如短期银行借款、长期银行借款、应付票据等）、应收账款、货币资金及所有者权益中的具体项目等。下面我们通过两个例子来看一看应如何分析上述这类项目。

比如，若企业应收账款过多，则说明该企业资金被占用的情况较为严重；若应收账款数据的增长速度较快，则说明企业结算工作的效率较低。此外，我们还要分析应收账款的账龄，应收账款的账龄越长，其收回的可能性就越小。

又比如，若法定的资本公积金大大超过企业的股本总额，则说明企业有良好的股利分配政策。但此时要注意，如果企业没有充足的货币资金作为保证，那么预计该企业将会选择配股增资的分配方案而非采用发放现金股利的分配方案。

财报小课堂

在对资产负债表中的一些项目进行分析时，还要结合行业的特点。以房地产企业为例，若该企业拥有较多的存货，则意味着企业有可能存在着较多的、正在开发的商品房基地和项目，一旦这些项目完工，将会给企业带来很高的经济效益。

3.计算关键财务指标

在计算关键财务指标时，财务人员可以通过以下几个途径获得数据：

　　✓ 直接从资产负债表中取得，如净资产比率；

　　✓ 直接从利润及利润分配表中取得，如销售利润率；

　　✓ 同时来源于资产负债表利润及利润分配表，如应收账款周转率；

　　✓ 部分来源于企业的账簿记录，如利息支付能力。

　　分析完资产负债表的要点，接下来就为大家介绍资产负债表分析的关键财务指标。

8.1.3　资产负债表分析的关键财务指标

　　资产负债表分析的关键财务指标可以分为三大类，分别是反映企业财务结构是否合理的指标、反映企业偿还债务的安全性及偿债能力的指标、反映股东对企业净资产所拥有权益的指标。

　　1. 反映企业财务结构是否合理的指标

　　反映企业财务结构是否合理的指标一共有以下三个：

　　（1）净资产比率＝股东权益总额／总资产×100%

　　净资产比率用来反映企业的资金实力和偿债安全性，它的高低与企业资金实力成正比，若该比率过高，说明企业财务结构不尽合理。该比率一般应维持在 50% 左右，但对特大型企业而言，该指标的参照标准要低一些。

　　（2）固定资产净值率＝固定资产净值／固定资产原值×100%

　　固定资产净值率反映企业固定资产的新旧程度和生产能力，对于评价工业企业的生产能力有着重要的意义。一般来说，该比率一般应超过 75%。

　　（3）资本化比率＝长期负债／（长期负债＋股东权益）×100%

　　资本化比率反映企业需要偿还的有息长期负债占整个长期营运资金的比重，该比率不宜过高，一般应维持在 20% 以下。

　　2. 反映企业偿还债务的安全性及偿债能力的指标

　　反映企业偿还债务的安全性及偿债能力的指标有流动比率和速动比率，其计算公式分别为：

　　（1）流动比率＝流动资产／流动负债×100%

　　流动比率反映企业偿还债务的能力，该比率一般维持在 200% 左右较为合适。若流动比率过高，则说明企业的资金没有得到充分的利用；若流动比率过低，则说明企业偿还债务的安全性及偿债能力较弱。

（2）速动比率 =（流动资产 - 存货）/ 流动负债 ×100%

在实际工作中，速动比率（包括流动比率）的评价标准应当根据行业特点来确定，不能一概而论。另外，由于企业流动资产具有复杂性，为了分析企业的短期偿债能力，通常用速动比率来予以测试，所以该比率又被称为"酸性试验"。一般情况下，速动比率维持在 100% 是最适宜的。

3. 反映股东对企业净资产所拥有权益的指标

反映股东对企业净资产所拥有权益的指标是每股净资产，其计算公式为：

每股净资产 = 股东权益总额 /（股本总额 × 股票面额）

该比率说明股东所持的每股股票在企业中所具有的价值，即所代表的净资产价值，该比率越高，每股股票所代表的价值就越高，我们可以依靠其来判断股票市价是否合理。不过，我们不能将每股净资产和经营业绩混为一谈，因为每股净资产较高的原因很可能是由于股票发行时的溢价较高。

以上这些指标中的每个指标其所提供的信息都是单一的、片面的，想要综合评价企业的偿债能力、财务能力，就要用综合的、联系的眼光对资产负债表进行评价和分析。值得注意的是，反映企业财务结构是否合理的指标，其高低往往与企业偿还债务的安全性及偿债能力相矛盾，比如，当企业净资产比率很高时，说明企业偿还债务的安全性及偿债能力较强，但同时也反映出其财务结构的不合理。

由于不同的分析目的，财务报表使用者对资产负债表的关注重点会有所不同。如果你是债权人，你就会非常关心企业的偿债能力；如果你是长期投资者时，你就会关心企业的财务结构是否合理。

当然，要想对企业有一个全面的认识，就不能只关注资产负债表，还必须结合财务报表中的其他几张表进行综合分析，只有这样才能得出比较客观、全面的结论。

实操笔记

【写一写】假如你想知道某企业的财务结构是否合理，应该计算哪
些财务指标？请把它们的计算公式在下面写出来。

♻ 8.2　利润表分析

唐老板想对自己公司的业务进行调整，他想放弃一些不盈利或盈利能力欠佳的项目，集中力量发展盈利能力强或有盈利潜力的项目。面对公司里众多的项目，他应该如何抉择呢？此时，他需要分析利润表，找出公司里最赚钱的项目。

所谓利润表分析，就是对企业的组织收入、控制成本、实现盈利的能力进行分析和评价。通过利润表分析，我们不仅可以客观认识企业的经营成果，还可以看出企业收支结构和业务结构的好坏，以及各项专业业绩对企业总体效益的贡献。如果企业是集团公司的话，还可以通过利润表分析看出分公司的经营成果对集团总体盈利的贡献。

8.2.1　利润表揭示的真相

利润表揭示的四大真相如图 8-3 所示。

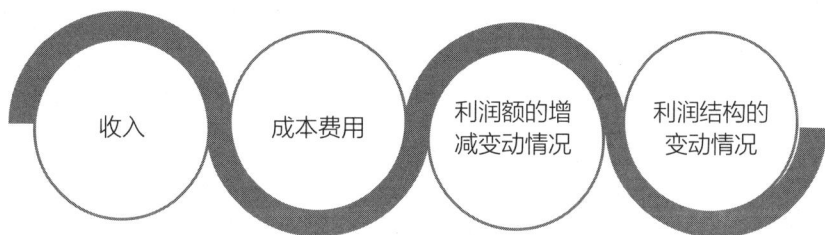

图 8-3　利润表揭示的四大真相

1.收入

在分析利润表的过程中，收入分析的内容主要包括收入的确认和计量分析、影响收入的价格因素和销售量因素分析、收入构成分析等。通过分析这些内容，我们可以清晰地揭示出企业的收入构成及收入增减变动的影响因素。

2.成本费用

在分析利润表的过程中，成本费用的分析可以帮助我们了解企业成本费用的相关情况，也可以揭示出利润的来源和形成过程。成本费用分析的内容如图8-4所示。

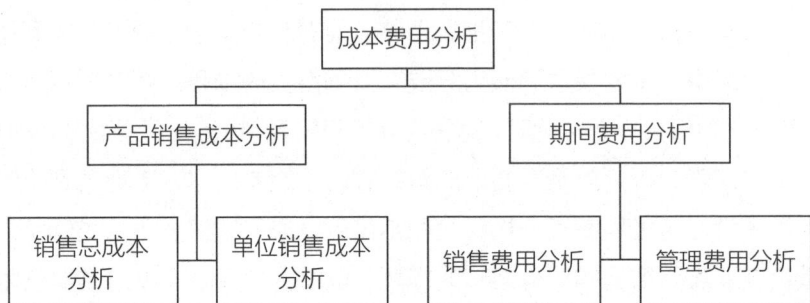

图 8-4　成本费用分析的内容

3.利润额的增减变动情况

如果我们对利润表进行水平分析，就能看出利润额的增减变动情况，从而揭示出企业在利润形成过程中于业绩管理方面存在的问题。

4.利润结构的变动情况

如果我们对利润表进行垂直分析，就能揭示出各项利润及成本费用与收入的关系，还能揭示出企业各环节利润结构的变动情况。

**财报
小课堂**

利润表的项目之间存在计算程序上的承接关系，因此，在分析利润表时，我们应该按照从上至下的顺序。此外还要注意的是，在分析利润表时，我们一定要了解企业的基本情况。

8.2.2　利润表的分析要点

当拿到一张利润表时，我们应该如何快速地看出数字背后的含义呢？我们可以将利润表的分析要点归纳为四个步骤，通过这四个步骤，我们可以快速地看懂利润表。

1. 第一步：分析收益类项目

利润表中的收益类项目主要包括：

✓ 营业收入；

✓ 投资收益；

✓ 营业外收入。

在拿到利润表后，我们首先应该关注营业收入。营业收入是企业收入的根本，只有营业收入增长，利润才能增长；同时，我们还需要关注投资收益和营业外收入的变动。另外，除了上述三个项目，我们还要格外关注利润表中的非正常情况，比如，企业利润总额因为投资收益或者营业外收入而暴增，这种不正常现象的背后一定隐藏着风险或财务舞弊行为，所以，在分析利润表时，我们一定要高度警惕类似现象，并准备好必要的措施。

2. 第二步：分析成本费用类项目

各项成本费用是影响利润的重要因素，因此我们要重点关注成本费用类项目。在分析利润表时，我们不仅要分析成本费用类项目的数据，还要留意财务报表附注中的说明，只有这样才能对成本费用的详细情况做出正确的判断。

3. 第三步：分析利润总额的来源

利润总额是指经过一段时间后企业获得的所有钱。在这些钱里有实实在在经营所得的钱，即营业利润；也有营业外得到的钱，即营业外利润。如果一家企业的主要利润来源是营业外收入，那么这家企业的财务状况一定存在问题。因此，在分析企业的利润表时，我们不要只留意企业总共赚了多少钱，还要留意其中真正的营业利润有多少。

4. 第四步：分析净利润

净利润就是企业当期利润总额减去所得税后的钱，即企业的税后利润。因此，我们也可以将利润表倒过来分析，通过净利润倒推出企业的利润总额是多少。

8.2.3 利润表分析的关键财务指标

利润表分析的关键财务指标主要涉及以下三个方面。

1. 竞争力分析

企业的竞争力可以通过毛利率来体现，毛利率的计算公式如下：

毛利率＝（主营业务收入－主营业务成本）/ 主营业务收入×100%

当毛利率较高时，企业的竞争力就比较强；当毛利率较低时，企业的竞争力就比较弱。要实现企业的长远发展，就需要维持毛利率的稳定。如果一家企业的经营状况很不稳定，那么这家企业近几年的毛利率波动一定也很大。毛利率和企业的经营状况息息相关，一家有竞争力的企业一定拥有较高、较稳定的毛利率。

2. 获利能力分析

通过利润表中的主营业务收入，我们可以看出一家企业主营业务的获利金额，但是不能判断该企业获利能力的强弱。那么，如果想要分析企业的获利能力，就不能单看主营业务收入，还要通过主营业务净利润率来分析企业获利能力的强弱。主营业务净利润率的计算公式如下：

主营业务净利润率＝净利润 / 主营业务收入 ×100%

如果主营业务净利润率较高，那么说明企业在主营业务中获得的利润较多，企业的获利能力较强，因而它可以适当扩展主营业务；如果主营业务净利润率较低，那么说明企业从主营业务中获得的利润较少，企业的获利能力较弱，因而它需要思考是否应该缩小主营业务的规模，寻找别的出路。

3. 偿债能力分析

前文已经提到过，企业的偿债能力可以通过资产负债表来分析，其实，利润表也可以间接体现企业的偿债能力，因为企业的获利能力会在一定程度上影响其偿债能力。那么，企业的获利能力如何影响其偿债能力？我们都知道资产的流动性和资本结构可以直接体现企业的偿债能力，而如果一家企业的获利能力长期处于较低水平，那么必然导致资产流动性变差，资本结构也会变得越来越坏，长此以往，企业必定会出现资不抵债的情况。

要真正读懂利润表，还需结合资产负债表和现金流量表进行系统的分析。

实操笔记

【写一写】如何通过利润表来分析企业的获利能力？需要用到哪个

比率？请在下面写出来。

♻ 8.3 现金流量表分析

通过分析现金流量表，我们可以全面地了解企业当期及以前各期现金的流入、流出及结余情况，从而正确地评价企业当前及未来的偿债能力和支付能力，并发现企业在财务方面存在的各种问题。

现金流量表分析可以帮助我们正确地评价企业利润的质量，科学地预测企业未来的财务状况，从而为管理和经营决策提供充分而有效的依据。不仅是财务工作者要会分析现金流量表，企业的管理者、投资者、债权人及其他财务报表的使用者都需要学会分析现金流量表。

8.3.1 现金流量表揭示的真相

现金流量表直观地反映了企业一定时期内现金流入和流出的动态，通过分析它，我们可以更加客观地评价企业的价值。

通过分析现金流量表，我们可以获取以下几项信息：

✓ 预测企业未来产生现金净流量的能力；

✓ 结合其他报表来计算流动比率和速动比率，从而衡量企业的偿债能力；

✓ 得知企业向投资者分配股利能力的大小；

✓ 判断企业财务状况发生变化的原因。

判断一家企业是否具有投资价值，通常要看它有没有充足的自由现金流量，以及其自由现金流量能否保持稳定的增长。只有当一家企业拥有充足的自由现金流量时，它的经营活动才称得上业绩优良，它才可以灵活地利用现金流量来降低负债比率，回购公司股票，或者购建固定资产，进一步扩大生产规模。

因此，判断一家企业是否值得投资、是否具有活力，就需要分析它的现金流量表。

8.3.2 现金流量表的分析要点

通过现金流量表的分析要点，我们可以了解企业现金的来龙去脉和收支构成，并据此评价企业的经营状况、创现能力、筹资能力和资金实力。现金流量表的五大分析要点如图 8-5 所示。

图 8-5 现金流量表的五大分析要点

1. 分析经营活动产生的现金流量

在分析经营活动产生的现金流量时，我们可以比较下面三个方面的内容。

（1）比较销售商品、提供劳务收到的现金数额与经营活动现金流入总额，如果该比率过高，那么说明企业的经营状况良好，在主营业务方面业绩突出。

（2）比较本期与上期经营活动产生的现金流量净额，其增长率越高，说明企业成长性越好。

（3）比较销售商品、提供劳务收到的现金数额与购买商品、接受劳务支付的现金数额。在企业经营正常、购销平衡的情况下，该比率越高，说明企业的销售利润越多，而较多的销售利润可以促进企业正常回款，增强企业的创现能力。

2. 分析投资活动产生的现金流量

在分析投资活动产生的现金流量时，我们需要结合企业的投资项目，不能简单地以现金净流入量或现金净流出量来论优劣，否则容易产生片面的判断。比如，某企业在扩大规模或者开发新的利润增长点时需要支出大量的现金，此时，该企业的投资活动就会产生入不敷出的情况，如果这个时候对企业的投资活动进行评价就容易产生太过片面的判断。此外，我们还要考虑企业的投资收益对现金流量的影响，比如，有一家企业的投资活动在稳步进行中，且已经创造了很多收益，该企业将部分收益用于偿还债务，因此它没有出现偿债困难的情况。由此我们可以看出，企业投资活动的好坏会直接对现金流量产生影响。

3. 分析筹资活动产生的现金流量

一般来说，筹资活动产生的现金净流量越大，企业面临的偿债压力也越大。比如，某企业为了满足自身发展的需要，向银行借了一大笔贷款，那么该企业就会有偿还贷款的压力；但是，如果该企业筹资活动产生的现金净流入量不是来自银行贷款，而是来自权益性资本[1]，那么不仅企业不会有偿债压力，而且其实力反而会增强。因此，我们在分析筹资活动产生的现金总流入量时，要看权益性资本在其中所占的比重，其比重越大，则企业资金实力越强，财务风险越低。

4. 分析现金流量的构成

分析现金流量的构成通常有两个步骤：第一步，了解现金的主要来源，并分别计算经营活动产生的现金流入量、投资活动产生的现金流入量和筹资活动产生的现金流入量占现金总流入量的比重；第二步，了解现金流向，并分别计算经营活动产生的现金流出量、投资活动产生的现金流出量和筹资活动产生的现金流出量占现金总流出量的比重。

一家企业的经营状况越好，经营活动产生的现金流量就越多，其财务风险也会越高。财务人员在分析企业的现金流量表时，不仅要关注现金流量，还要关注现金流量的构成。

5. 分析经营、投资和筹资活动相互支持的能力

在分析企业经营、投资和筹资活动相互支持的能力时，我们可以依据这三类活动产生的现金净流量来分析。经营、投资和筹资活动产生的现金净流量情况分析如表 8-1 所示。

---

[1] 权益性资本是指投资者所投入的资本金减去负债后的余额。资本金是指企业在工商行政管理部门登记的注册资金，资本金合计包括企业的各种投资主体注册的全部资本金。

表 8-1 经营、投资和筹资活动产生的现金净流量情况分析

经营、投资和筹资活动产生的现金净流量情况	情况分析
经营、投资和筹资活动产生的现金净流量均为正数	这种情况说明企业的主营业务在现金流方面能自给自足，投资方面收益状况良好
经营和投资活动产生的现金净流量均为正数，筹资活动产生的现金净流量为负数	这种情况说明企业的经营和投资状况良好，融资活动的负数是由于偿还借款引起，不足以威胁企业的财务状况
经营和投资活动产生的现金净流量均为负数，筹资活动产生的现金净流量为正数	这种情况说明企业靠借债维持日常经营和生产规模的扩大，财务状况很不稳定。如果是处于初创期的企业，一旦渡过难关，则还可能有发展；如果是成长期或稳定期的企业，则非常危险
经营和筹资活动产生的现金净流量均为正数，投资活动产生的现金净流量为负数	这种情况说明企业实施了扩张性的财政政策，可能企业获得了新的投资项目和发展机会，投资效益稳步增长
经营和筹资活动产生的现金净流量均为负数，投资活动产生的现金净流量为正数	这种情况说明企业采取了紧缩性的财政政策，可能企业内部出现了经营困难的情况，急需处理固定资产来维持企业经营和偿还债务，或者企业的对外投资出现了问题。无论如何，企业采取紧缩性的财政政策将意味着投资活动产生的现金净流量的增加
经营活动产生的现金净流量为正数，投资和筹资活动产生的现金净流量均为负数	这种情况说明企业经营状况虽然良好，但是需要偿还债务和继续投资。处在这种情况下的企业应随时关注自身经营状况的变化，以防止财务状况恶化
经营活动产生的现金净流量为负数，投资和筹资活动产生的现金净流量均为正数	这种情况说明企业资金运转能力差，不得不依靠变现长期资产、收回投资、实现投资收益及对外举债等途径来弥补经营资金缺口
经营、投资和筹资活动产生的现金净流量均为负数	这种情况说明企业财务状况出现危急，必须及时扭转，这样的情况往往发生在企业的扩张时期，由于市场变化导致经营状况恶化，加上扩张时投入了大量资金，会使企业陷入进退两难的境地

财报
小课堂

　　快速看懂现金流量表的意义在于了解企业本期及以前各期现金的流入、流出和结余情况，评价企业当前及未来的偿债能力和支付能力，科学预测企业未来的财务状况，从而为其科学决策提供充分、有效的依据。

8.3.3　现金流量表分析的关键财务指标

现金流量表分析的关键指标如表 8-2 所示。

表 8-2　现金流量表分析的关键指标

关键指标	计算公式	作用	分析
现金比率	现金比率＝货币资金／流动负债 ×100%	该比率可用来衡量企业的短期偿债能力	对债权人来说，该比率越高，说明企业手中的现金储备越多，比如，当该比率大于 100% 时，企业现有的资金即可偿还流动负债，此时债权人的压力就会得到减轻；对企业来说，该比率越高，说明用在投资项目上的资金就越少，企业的盈利能力就越低，所以企业一般不愿让其过高
盈利现金比率	盈利现金比率＝经营活动现金流量净额／净利润 ×100%	该比率用来衡量企业每获得的 100 元利润中，有多少是从经营活动中获得的、可以随时使用的现金	该比率越高，说明企业的盈利能力就越强，其盈利质量也越强。当企业的净利润大于 0，盈利现金比率小于 100% 时，说明在企业的本期净利润中存在未实现的现金收入，在这种情况下，即使盈利，也可能发生现金短缺的情况，严重时会导致破产

续表

关键指标	计算公式	作用	分析
每股经营现金流量净额	每股经营现金流量净额＝经营活动现金流量净额／普通股股数	该比率反映企业对现金股利的最大分配能力	该比率越高，说明企业可以用于分配股利的现金越充足
再投资率	再投资率＝（税后利润／股东权益）×［（股东盈利－股息支付）／股东盈利］＝资本报酬率×股东盈利保留率 其中：股东盈利保留率＝（股东盈利－股息支付）／股东盈利；股东盈利＝每股盈利×普通股发行数	该比率可以反映企业用其盈余所得再投资以支持企业成长的能力	该比率越高，企业扩大经营的能力就越强
现金股利比率	现金股利比率＝经营活动产生的现金流量净额／现金股利总额×100%	该比率反映企业用当期正常经营活动所产生的现金净流量来支付股利的能力有多大	该比率越高，说明企业的支付股利能力越强，因为企业有足够的现金保证现金股利的支付
现金流动负债比率	现金流动负债比率＝年经营现金流量净额／年末流动负债总额	该比率是衡量企业偿还短期债务能力的一个重要指标	该比率越高，说明企业经营活动产生的现金净流量越多，企业按期偿还到期债务的能力就越强
销售现金比率	销售现金比率＝经营活动现金流量净额／销售收入总额×100% 其中：销售收入总额＝主营业务收入＋其他业务收入	该比率能够准确地反映每100元销售收入能给企业带来多少现金净流入	该比率越高，说明企业收入质量越好，资金利用效果越好
现金到期债务比率	现金到期债务比率＝经营活动产生的现金流量净额／本期到期债务额×100%	该比率反映企业偿还本期到期债务的能力	该比率能充分反映企业经营活动的重要性。该比率越高，说明企业资金流动性越好，企业到期偿还债务的能力就越强

续表

关键指标	计算公式	作用	分析
总资产净现率	总资产净现率＝（经营活动产生的现金流量净额＋分得股利或利润所收到现金＋现金利息支出＋所得税付现）/平均资产总额×100% 其中：平均资产总额＝（期初资产总额＋期末资产总额）/2	该比率用来衡量每占用100元的资产平均能获得多少元的利润	该比率越高，说明企业运用资产获得经营活动产生的现金流量的能力就越强，企业的盈利能力也就越强
现金债务总额比率	现金债务总额比率＝现金流量净额/债务总额	该比率反映当期现金净流量负荷总债务的能力，可衡量当期现金净流量对全部债务偿还的满足程度	在分析该比率时，应与债务平均偿还期相结合，若债务平均偿还期越短，则该比率越高越好；若债务平均偿还期越长，则该比率越低越好。债权人可凭借该比率衡量企业债务偿还的安全程度

企业要扩大自身规模，需要追加长期资产，且无论是对内投资还是对外投资都要大幅度提高现金流出量，只有这样，才能把握住投资机会和发展机遇。

实操笔记

【写一写】在分析经营活动产生的现金流量时，应计算哪些比率？请在下面写出来。

♻ 8.4　所有者权益变动表分析

如果你是一家企业的股东，那么你一定要关注所有者权益变动表，因为它关系到你的切身利益，关系到你在企业里的话语权。

8.4.1　所有者权益变动表揭示的真相

所有者权益变动表提示了四大真相：

第一，完整体现所有者权益相关项目的变动趋势，反映企业净资产的实力，以及关于资本保值、增值的重要信息；

第二，满足财务报表使用者在经济决策上对财务业绩信息的需要；

第三，体现会计政策变更的合理性和会计差错更正的幅度，并具体反映由于会计政策变更和会计差错更正对所有者权益的影响数额；

第四，反映股东分配政策、再筹资方案、股权分置等财务政策对所有者权益的影响。

8.4.2　所有者权益变动表的分析要点

在分析企业的所有者权益情况之前，需要对其所有者权益变动表的分析要点进行分析。所有者权益变动表的四大分析要点如图 8-6 所示。

图 8-6　所有者权益变动表的四大分析要点

1. 实收资本（或股本）变动情况的分析

一般来说，股本包含普通股和优先股，它们也是构成所有者权益的两个重要组成部分。但是由于送配股后除权[1]，股本的大小会随着送股和配股而增加，但市价不会改变。股本的增加渠道包括资本公积转入、盈余公积转入、利润分配转入和发行新股等，其中，前三者都会稀释股票的价格，而发行新股却可以增加企业的现金资产。

2. 资本公积变动情况的分析

资本公积是指投资者或者他人投到企业、所有权归属于投资者，并且在投入金额上超过法定资本部分的资本。

资本公积增加的主要原因有实收资本（或股本）的溢价和其他资本公积的增加。以 A 公司股份为例，在 2019 年年底，其所有者权益变动表显示，其股本占 76.5%，未分配利润占 -10.40%，而资本公积占所有者权益的 29.40%，增幅为 45%。通过分析 A 公司的财务报表附注可知，它于该年因收购支付的对价小于被合并方的账面价值，直接计入所有者权益的"资本公积"科目，由此导致了企业资本公积的增加。

资本公积减少的主要原因是转增资本。以 B 公司股份为例，在 2019 年年底，B 公司"以资本公积转增股本 69 亿元，达股本变动总金额的 70%"，在转增股本后，B 公司的股价大幅上升，股票的每股收益由 0.14 元增加到 0.54 元。

3. 盈余公积变动情况的分析

盈余公积的提取是企业当期实现的净利润向投资者分配利润的限制，它本身就是利润分配的一部分；而且，盈余公积的增减变动情况可以直接反映企业利润积累的实力。比如，某企业某年从净利润中提取盈余公积 0.5 亿元，比前一年（0.25 亿元）增加 200%，这充分体现了该企业利润积累的实力。

4. 利润分配的分析

利润分配能体现企业资金积累与消费的关系。比如，在某企业 2019 年的未分配利润增减变动额中，提取的盈余公积占未分配利润总额的 44%，分配现金

---

[1] 除权是指由于企业股本增加，每股股票所代表的企业实际价值（每股净资产）有所减少，需要在发生该事实后从股票市场价格中剔除这部分因素而形成的剔除行为。

股利占未分配利润总额的 52%，当年每股未分配利润由往年的 0.6 元上升到 0.7 元，这说明该企业有较强的继续分配利润能力。

8.4.3 所有者权益变动表分析的关键财务指标

企业保障股东权益保值和增值的情况与企业的盈利水平情况等，都可以通过所有者权益变动表来进行分析。所有者权益变动表分析的关键指标主要包括资本保值和增值绩效的指标、企业股利分配的指标两大类。

1.资本保值和增值绩效的指标

在所有者权益变动表中，用来考核企业资本保值和增值绩效的指标主要是资本保值增值率和所有者财富增长率，如表 8-3 所示。

表 8-3 资本保值和增值绩效的指标

指标	计算公式	含义	分析
资本保值增值率	资本保值增值率 = 期末所有者权益 / 期初所有者权益×100%	该比率是反映企业在一定会计期间内资本保值增值水平的评价指标，也是考核、评价企业经营效绩的重要依据	对合规企业来说，该比率应该大于100%，也就是说，企业要想不断发展，所有者权益每年都要有适量的增长
所有者财富增长率	所有者财富增长率 =（期末每元实收资本净资产 - 期初每元实收资本净资产）/ 期初每元实收资本净资产×100% 其中：每元实收资本净资产 = 当期企业净资产 / 股本总额	该比率是指在企业实收资本或股本一定的情况下，附加资本的增长水平	该比率是企业投资者或潜在投资者最为关心的指标，与每股收益一样，它集中体现了所有者的投资效益，也可作为对经营者的考核指标

2.企业股利分配的指标

企业的根本目的就是获得利润并向投资者分配股利。那么，如何衡量一家企业的股利分配政策是合适的呢？此时我们需要用到一些指标，常用于衡量企业的股利分配政策的指标有留存收益比率和股利分配率。

（1）留存收益比率

留存收益比率可以反映企业的资本积累水平，所以，通过它我们可以知道，在企业的利润中有多大的比例用于扩大再生产。留存收益比率的计算公式为：

留存收益比率 = 留存收益 / 净利润 ×100%

该比率反映了企业盈利的原有水平和发展前景，通过其计算公式我们可以看到，企业的净利润有两种用处：一种是用来分配股利；另一种是留作资本金。

**财报
小课堂**

　　对于处在成长期的企业来说，由于其自身扩大生产和融资的需要，它们一般会将净利润留作资本金，从而股利分配会比较少，在这种情况下，其留存收益比率一般也会比较高；对于处在成熟期的企业来说，其留存收益比率维持在50%左右比较合适；对于处在衰退期的企业来说，由于没有好的项目可以投资，其留存收益率会比较低，股利分配会比较多。

（2）股利分配率

在通常情况下，评价一家企业的利润分配政策和水平的标准就是股利分配率，也就是在企业实现的净利润中，股东被分配利润所占的比例有多大。股利分配率的计算公式为：

股利分配率 = 普通股每股股利 / 普通股每股净收益 ×100%

在进行股利分配时，上市公司通常会采取下面四种股利分配政策。

第一，固定股利分配政策，即企业每年支付给股东固定的股利。固定股利分配政策对企业来说很不利，因为当企业亏损时，以这种分配政策进行分配会增加企业的压力；但这种分配政策对投资者来说是有利的，因为无论亏损与否，他们都能拿到固定的股利，所承担的风险会比较低，压力也会比较小。

第二，固定股利支付率分配政策，即企业每年以净利润的一定比例来分配股利。比如，某企业的固定股利支付率为15%，当该企业盈利100万元时，其可以用于分配股利的金额为15万元；当该企业盈利500万元时，其可以用来分配股利的金额就是75万元。固定股利支付率分配政策对企业来说也不是很有利，因为企业每年的盈利会有波动，所以每年分配股利的波动也会比较大，从而影响股价的稳定性。

第三，固定股利增长率分配政策，即在一定股利支付基数上，企业每年适量增加股利的分配。比如，某企业第一年分配 10 万元股利，并且以后每年保持 10% 的增长，那么从第二年起，以后每年需要分配的股利就分别是 11 万元、12.1 万元、13.31 万元……固定股利增长率分配政策给投资者传递的是企业盈利连年增长的信息，有利于股价的稳定和增长；但由于企业的股利没有随每年盈利水平的波动而做出调整，那么，在盈利较少或亏损时，企业分配股利的压力就会比较大。

第四，固定股利加额外股利分配政策，即在低固定股利的基础上，根据企业的盈利状态，适当增加一些股利。这种分配股利的政策兼备了固定股利分配政策和固定股利增长率分配政策的优势：既传递了企业的良好信息又有利于股价的稳定，而较低的固定股利数额也不会给企业太大的压力；同时，当企业盈利较好时，还可以增加投资者被分配的股利。

需要注意的是，不管企业采用什么样的股利分配政策，只要存在股利分配，企业的所有者权益就会减少。通过分析所有者权益变动表，我们可以清晰地了解到企业的股利分配情况和持续分配股利的能力，这对投资者来说是十分关键的信息。

实操笔记

【写一写】企业的股利分配指标有哪几个？请把它们的计算公式在下面写出来。

第 9 章

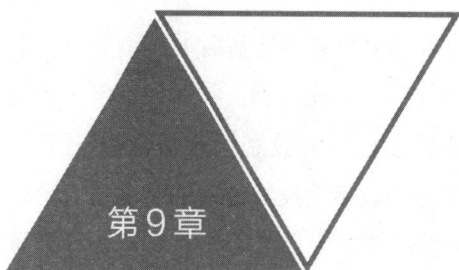

慧眼：洞察财务报表，识别财务舞弊

随着经济的发展，企业的经济活动越来越复杂，企业中的财务舞弊现象也越来越多，舞弊手法更是层出不穷。财务人员必须练就一双能够时刻看到财务舞弊痕迹的火眼金睛，掌握财务舞弊的识别技巧，只有这样才能穿透"迷雾"，洞察财务报表的真实面貌。

♻ 9.1　常见的财务舞弊手法

如果你经常关注财经方面的消息，那么一定对"安然事件"并不陌生。安然公司曾经是世界上最大的能源、商品和服务公司之一。在 1985 年到 2000 年的短短 15 年中，它创造了一个又一个的"商业神话"。然而，2001 年 10 月 16 日，属于安然的"神话"终于走向了破灭。当天，安然公布了其第三季度的财务报表，并宣布公司亏损总计达到 6.18 亿美元。这一消息令大众震惊，也让美国证券交易委员会盯上了安然，它要求安然主动提交某些交易细节，于是，安然的财务舞弊行为再也瞒不住了。在监管部门和大众的压力下，安然承认自己做了假账。从 1997 年到 2001 年，安然共虚报利润达 5.86 亿美元，并且未将巨额债务入账。财务舞弊事件拉开了安然破产的序幕，在经历了接二连三的打击后，安然于 2001 年 12 月 2 日正式申请破产保护，这个曾经无比辉煌的巨型能源企业就此走向破产。安然的这场巨变，也让人们"谈财务舞弊色变"。的确，财务舞弊行为对任何企业来说都贻害无穷，不仅不利于企业自身的发展，干扰投资者的投资决策，还会破坏整个行业，乃至整个市场的经济健康发展。

财务舞弊的手法多种多样：上市公司的主要财务舞弊手法是粉饰利润表，但由于资本市场比较在意经营活动产生的现金流量，所以有小部分上市公司也会粉饰现金流量表；还有一些公司会从会计恒等式（如"资产 = 负债 + 所有者权益 + 收入 − 费用"）入手来操纵利润，并由此引发资产和负债的变动；等等。

虽然财务舞弊的手法多种多样，但是无论舞弊的手法有多高超，都绕不开收入、费用和现金流，下面我们就从这三个方面来探究一下常见的财务舞弊手法。

9.1.1　收入舞弊

财务舞弊的主要目的是美化利润，而收入是利润的来源，所以很多上市公司选择从源头入手，通过收入来进行财务舞弊。收入舞弊的主要表现形式为虚增收入（少数为虚减收入），主要手法包括虚构收入、借助一次性行为夸大收入和提前确认收入等。

1. 虚构收入

虚构收入就是通过虚构的、没有必要发生的交易来"创造"虚假收入。在我国上市公司中，最常见的虚构收入的手法有：虚增成交金额、虚假交易、不公平的关联交易、将非营利性交易确认为收入等。下面通过四个简单的案例我们来了解这些虚构收入的手法。

案例一：A 公司通过做高单价和做多数量来虚增成交金额，它将虚增的成交金额分摊到大量真实客户的名下，然后再通过各种补贴将这些虚增的收入返还给客户。从账面上看，这家公司的收入的确增加了，但我们知道这些增加的收入都是虚假的。上述这种手法就是虚增成交金额。

案例二：B 公司以每千克 200 元的价格购买某种原材料 10 吨，总价 200 万元，然后它按每千克 2 000 元的价格将这些原材料卖给 C 公司，总价 2 000 万元。于是，B 公司通过后面这笔交易增加收入 1 800 万元。但是最后，B 公司又将收到的 1 800 万元转给了 D 公司，让它从 C 公司采购产品（实际并未存在真正的产品交易），从而使这笔钱成为 C 公司的虚假营业收入。上述这种手法就是虚假交易。

案例三：D 公司是一家上市公司，其主要业务为包销控股股东旗下另一家房产公司生产的大型设备。D 公司不需要做任何事，只需要在销售设备时从公司走一次账，就产生了 15% 的毛利率，这种手法就是不公平的关联交易。

案例四：政府有关部门向 E 公司发放了政策性补助，但 E 公司通过虚假合同把这笔钱伪装成销售收入，这种手法就是将非营利性交易确认为收入。

2. 借助一次性行为夸大收入

借助一次性行为夸大收入是指借助某些财务操纵行为进行收入夸大，常见的手法包括：

- ✓ 通过互换贸易夸大收入；
- ✓ 将出售业务部门或资产的所得转化为营业收入；
- ✓ 将上市公司的收购支出转化为营业收入；
- ✓ 将经营亏损打包进一个公司或部门，然后高价出售该公司或部门以掩盖亏损。

下面通过四个简单的案例我们来了解一下这些借助一次性行为夸大收入的手法。

案例一：A公司高价从B公司采购了一批设备，同时，又将自己的产品高价卖给了B公司，这种手法就是通过互换贸易夸大收入。这种手法除可以进行产品或服务互换以外，还可以进行非实物互换，如影视版权互换。互换贸易的双方将交换的产品或服务分别记为"销售"和"购买"，这样就可以达到增加营业收入的目的。

案例二：C公司将一个业务部低价卖给D公司，成交价与公允价之间存在3 000万元的差额，D公司将这笔差额用于购买C公司的其他产品或服务，以增加C公司的当期营业收入，这种手法就是将出售业务部门或资产所得转化为营业收入。当然，D公司也可以通过低价向C公司出售产品或服务的方式来补足3 000万元的差额，这样一来，C公司就可以降低当期营业成本或后期营业成本。

案例三：E公司高价收购F公司的资产，收购价与公允价之间存在5 000万元的差额，F公司将这部分差额用于采购E公司的产品或服务，以增加E公司的当期营业收入，或者F公司向E公司低价出售自己的产品或服务，让E公司的当期营业成本或后期营业成本降低。上述这种手法就是将上市公司的收购支出转化为营业收入。

案例四：H公司2018年的经营亏损和坏账亏损达1.2亿元，该公司将这笔亏损集中在一家下属子公司里。2019年，H公司高价卖掉了这家子公司，成功掩盖了亏损，粉饰了自己当期的利润表。当然，H公司会通过借款、担保、项目合作、并购费用、咨询费用等名目，弥补买家收购子公司时所出的高价。上述这种手法就是将经营亏损打包进一个公司或部门，然后高价出售该公司或部门以掩盖亏损。

3. 提前确认收入

提前确认收入是很多上市公司喜欢使用的美化利润的手法，这是一种介于合法与非法之间的一种灰色行为。提前确认收入手法通常包括：提前确认超过完工百分比对应的收入、买家没有明确承担付款义务时提前确认收入、尚未开始提供产品或服务就提前确认收入。下面通过几个简单的案例我们来了解这些提前确认收入的手法。

案例一：某软件公司 A 公司，它承诺为购买产品的客户免费提供软件维护服务，但是，A 公司将绝大部分销售收入计入软件销售所得，后期维护业务只分配极少比例的销售收入，这种手法就是提前确认超过完工百分比对应的收入。因为后期维护工作还未完成，而销售收入却提前确认了，这种收入舞弊的手法可以大幅度提升当期营业收入。

案例二：B 公司在答应客户可以无条件退货的情况下，在退货期限内确认了收入，此时客户还没有明确承担付款义务，这种手法就是买家没有明确承担付款义务时提前确认收入。属于这种手法的行为还有：向没有要求发货的客户发货，在未收回前期货款的情况下继续发货、大幅度延长没有付款能力客户的信用期等。

案例三：C 公司要求客户预存两年的费用，然后将这两年的费用计入当年的营业收入，也就是说，第二年的服务尚未提供，C 公司就将收入相应地计入了当年的营业收入，这种手法就是尚未开始提供产品或服务就提前确认收入。

9.1.2　费用舞弊

从会计恒等式"利润＝收入－费用"中，我们可以轻松得知，除了可以在收入上做文章，还可以通过费用舞弊来达到美化利润的目的。不过，费用舞弊的可操作空间相对较小，所以很多上市公司在"调整"费用时会显得比较"温柔"。

费用舞弊的主要表现形式是虚减费用，在极少数情况下会表现为虚增费用。虚减费用的主要手法包括掩盖成本或亏损、将本期费用推延至未来等；而虚增费用的手法较多，比如注销资产或存货、大额计提应收账款或存货的减值损失、将经常性费用归入一次性费用计提等，这些手法统称"洗大澡"。

1.掩盖成本或亏损

掩盖成本或亏损的手法主要有多计收入和少计原料成本、财务费用、销售费用、管理费用等。多计收入在有关收入舞弊的内容中已经介绍过，而少计原料成本、财务费用、销售费用、管理费用等通常与多计收入同时发生。比如，

A公司是一家上市公司，它通过减少财务费用、不计对外借款的利息，达到了虚增当期利润的目的。不仅如此，A公司还通过少计原材料成本5 000万元、虚增利润3 000余万元，使财务报表中的利润比真实利润多出1倍有余。

2. 将本期费用推延至未来

将本期费用推迟至未来就是将应该计入本期的费用计入未来某期，常见的手法包括延长固定资产折旧摊销年限、忽略已经形成的坏账损失、不对受损资产或过时存货提取减值准备、将费用计入"应收账款"或"预付账款"科目、将日常费用计入"在建工程"科目、将形成时间较长的坏账伪装成刚形成的应收款、利用临时资金冲抵来降低坏账的计提比例等。将本期费用推延至未来的手法比较简单粗暴、财务和审计人员只要稍加留意，就能轻易发现舞弊痕迹。

3. "洗大澡"

有些上市公司在遭遇困境且无力回天时，会通过一些财务手法将公司的经营状况和资产情况进行有意恶化，以求得来年财务报表中数据的"巨大"增长。一般来说，这些公司会采取下列手法：注销资产或存货以减抵未来折旧或增加未来盘盈；大额计提应收账款或存货的减值损失以便未来转回；将经常性费用归入一次性费用计提以减少未来费用；等等。上述这些手法统称为"洗大澡"。

业绩比较差的上市公司"洗大澡"的目的是为了能再次轻装上阵，因为在连续亏损的情况下，"洗大澡"可以让企业未来的财务报表更好看，避免退市风险；此外，"洗大澡"还可以冲抵以前虚增的利润。

"洗大澡"也常出现在企业管理者变更的时候，新任管理层倾向于通过"洗大澡"的方式将公司亏损推给前任管理者，以让自己能轻松带领公司"重新出发"。企业"洗大澡"的目的可能有很多，但是，无论有什么目的，这种行为都是自欺欺人的。

财报
小课堂

　　经过粉饰的财务报表不仅不能如实地反映企业真实的财务状况，还会给决策者以错误的导向，进而导致其决策失败，给企业造成更大的损失。同时，财务舞弊还会严重损害投资者的利益，使投资者蒙受损失，动摇投资者的信心。财务舞弊对企业百害而无一利，企业的管理者、投资者等都要学会识别一些常见的舞弊手法和舞弊痕迹。

9.1.3　现金流舞弊

上市公司进行现金流舞弊的主要目的是美化经营活动现金流，因为企业投资者通常都会比较重视它。现金流舞弊可以通过以下三种手法实现：

　　✓ 虚增经营活动现金流入；

　　✓ 虚减经营活动现金流出；

　　✓ 利用一次性行为美化经营活动现金流净额。

1.虚增经营活动现金流入

有些上市公司会通过将投资或筹资活动的现金流入转化为经营活动现金流入，以达到虚增经营活动现金流入的目的。下面通过五个简单的案例我们来了解一下这些虚增经营活动现金流入的手法。

案例一：A公司打算收购B公司，它如果收购了B公司，就可以获得B公司的经营活动现金流入。但是为了虚增经营活动现金流入，A公司在收购完成前要求B公司付清应付款，并制造应收款（请客户暂缓付款），收购完成后再向客户收取应收款，于是，A公司从B公司处"买"来的应收款就摇身一变成了自己的经营活动现金流入。

案例二：C公司出售了自己的一个业务部门，应收账款的总款项被分为首付款和收入分账两部分，其中，收入分账未来将被计入C公司的经营活动现金流入。C公司通过这种手法将筹资活动现金流入转化成了经营活动现金流入。

案例三：D 公司拟向 E 公司（财务公司）借款 3 000 万元，它本可以采用存货抵押贷款的方式，但 D 公司另辟蹊径，将存货先销售给 E 公司，到期后再加价回购，通过这种手法 D 公司凭空将筹资活动现金流入转化成了经营活动现金流入。

案例四：F 公司与 G 公司进行了互换贸易，也就是说，F 公司买入了 G 公司的设备，同时它向 G 公司出售了自己的产品。通过这种手法，F 公司将自己购买 G 公司设备产生的现金流出计入投资活动现金流出，而将自己向 G 公司销售产品产生的现金流入计入经营活动现金流入。

案例五：H 公司以自己的银行存款为客户担保融资，客户拿到钱后就用这笔钱购买了 H 公司的产品，这种手法实际上就是将投资活动现金流出转化为经营活动现金流入。

2. 虚减经营活动现金流出

虚减经营活动现金流出的手法有两种：第一种是将经营活动现金流出计入投资、筹资活动现金流出，以达到虚减经营活动现金流出的目的，比如，以融资租赁 [1] 替代租赁；第二种是用承兑汇票采购，减少当期经营活动现金流出，并在承兑汇票到期的时候，将所偿还的金额计入债务偿还，即归入筹资活动现金流出。

3. 利用一次性行为美化经营活动现金流净额

有的上市公司会利用某些一次性行为美化当期经营活动现金流净额，常见的手法有四种。第一种手法是拖欠供货商货款或减少正常采购。第二种手法是给客户高额折扣，让客户提前付清应收款。前两种手法都可以虚增当期经营活动现金流净额。第三种手法是提前支付采购款，这样可以虚增当期经营活动现金流入。第四种手法是通过银行保理业务打折出售应收款，甚至伪造应收款出售并承担连带还款责任，从而夸大当期经营活动现金流入。

财务舞弊的手法再高明，也不外乎操纵收入、费用和现金流，而久经沙场的财务和审计高手总能透过蛛丝马迹找到舞弊痕迹。企业的投资者、债权人、

---

[1] 融资租赁是指出租人根据承租人（用户）的请求，与第三方（供货商）订立供货合同，根据此合同，出租人出资向供货商购买承租人选定的设备。同时，出租人与承租人订立一项租赁合同，将设备出租给承租人，并向承租人收取一定的租金。承租人则分期向出租人支付租金，在租赁期内租赁物件的所有权属于出租人所有，承租人拥有租赁物件的使用权。

管理者等也要学习相关知识，让自己提高警惕，避免陷入财务舞弊的陷阱。

实操笔记

【单选题】在下列行为中，属于财务舞弊的是（　　）

A. 虚增营业收入

B. 更正会计差错

C. 将本年收入延期入账

D. 任意改变成本计价方法以降低成本

E. 根据年度盈利指标完成情况调整固定资产折旧方法

答案：A、C、D

♻ 9.2 财务报表中的舞弊痕迹

"凡走过必留下痕迹"，任何财务舞弊行为也都是有迹可循的。财务舞弊的痕迹在资产负债表、利润表和现金流量表中都会存在，我们要学会寻找这些痕迹。

9.2.1 资产负债表中的舞弊痕迹

资产负债表中的舞弊痕迹主要包括以下九个方面。

1. 应收账款

投资者可以通过看应收账款来分析企业是否存在财务舞弊行为。当企业应收账款大量增加且超过平均水平，或者应收账款周转率过低且低于平均水平，都说明该企业可能存在财务舞弊行为。企业应收账款大量增加的原因有两点：一是企业放宽了信用政策，使应收账款增加，也使产生坏账损失的可能性增加了；二是企业提前确认了收入款项，虚构收入。

2. 预付款项

企业可能通过操纵预付款项来粉饰利润表和经营活动现金流。当企业有长时间挂账的预付款项时，说明企业存在财务舞弊行为，因为企业不会在不提货的情况下，提前支付预付款项；还有一种情况是，当企业预付款项（如预付工程款、预付专利或非专利技术的采购款等）较大增加时，也说明企业可能存在财务舞弊行为。企业通过以上方式使盈利回流，以达到虚增利润的目的。因此，我们在分析资产负债表时，一定要擦亮眼睛。

3. 其他应收款

其他应收款是指企业在商品交易业务以外发生的各种应收、暂付款项，比如，委托理财、应收的各种赔款或罚款、应向职工收取的各种垫付款项等。我们可以通过分析其他应收款来判断企业是否存在财务舞弊行为。与应收账款相比，其他应收款更容易被虚构，这是因为应收账款需要发票、仓单、运输单等一系列单据，牵连较广，如果其中存在财务舞弊行为就更容易暴露。因此，当发现企业的资产负债表中有大量"其他应收款"项目时，我们可以推测企业有可能存在财务舞弊行为，但是我们也要知道，当企业资金被控股股东或其他关联人占用时也有可能导致上述状况的产生。那么，更为严谨的说法是，"其他应收款"项目数额大到违背常理的企业，很有可能存在管理缺陷或者财务舞弊行为。

4. 存货

我们可以通过分析存货来判断企业是否存在财务舞弊行为。当企业拥有数量较多、价值不菲的存货，且存货的增长幅度远超同期营业成本，或者企业的存货周转率下降，且远低于同行企业的水平等，都说明企业存在财务舞弊行为。比如，企业通过大量的存货来平摊成本，降低产品成本，从而虚构利润，或者为了美化利润，不将存货积压导致的价格下跌记录在本期财务报表中。

另外，如果企业的存货周转率下降，毛利率却显著上升，那么基本可以判定企业存在财务舞弊行为了。因为当企业的存货周转率下降时，产品会滞销，成本也将随之增加，为了降低损失，企业会采取降价、增加销售费用等措施，此时企业的营业收入会产生波动，毛利率会下降。

5. 在建工程

企业极易通过在建工程进行财务舞弊，因为在建工程的规模比较大，总值高，建设进度也比较慢，使投资者很难估算在建工程的造价，也使财务舞弊行为有了施展的空间。若工程项目建设与其生产经营规模和发展规划不相匹配，则说明有企业通过在建工程进行财务舞弊。

通过在建工程进行财务舞弊的手法无非两种：一种是企业通过在建工程将采购资金转出，然后再将其以销售收入的名义收回来，借此虚增利润；另一种是企业将本应该当期从利润表里扣除的费用，计入了在建工程的成本中，从而虚减费用，增加利润。无论是哪种情况，投资者都可以通过企业募集的资金来判断。

如果企业出现下面的问题，就说明企业很可能存在财务舞弊行为：

✓ 企业违背当初的项目承诺，未在规定时间内将在建工程转为固定资产，也没有如期产生效益；

✓ 在建工程转为了固定资产，但是还需要修整或改造；

✓ 项目完工了，但是为了避免计提折旧影响利润表，依旧以在建工程的身份存在；

✓ 工期快到了，但企业仍在追加资金。

6. 无形资产和商誉

企业也会通过采购无形资产，尤其是专利或非专利技术来向外转移资金。我们在进行判断时，需要真正了解这个行业，判断企业所采用的技术和企业的生产经营是否有关联，如果不是，那么说明企业很有可能通过购买无形资产来进行财务舞弊。

由于商誉的价值没有一个严格的评价标准，所以对于企业来说，它的可操纵空间比较大。企业通常会采取压低收购中可辨认资产的价值、做高商誉价值的方式来进行财务舞弊，这样可以减少资产折旧，帮助企业少产生折旧费用，从而达到增加利润的目的；同样在需要减少利润的时候，又可以按需做低商誉价值。因此，如果发现企业经常进行收购活动，并常常产生大额商誉，我们可以尝试将商誉还原成资产，并按照资产折旧的规则，重新考虑企业的价值。

7. 应付票据和应付账款

在经营活动中，企业需要付给上游供货商的款项是应付票据和应付账款。当这两个款项增加时，说明企业的地位有所上升，或者资金链出现了问题，不管是什么原因，都需要我们提高警惕，结合企业和市场进行综合判断。

8. 应付职工薪酬

很多企业在进行财务舞弊时，会通过应付职工薪酬的预提来平滑利润，具体表现在年终奖金、效益奖金等非固定工资的预提上。但是，这种行为会使应付职工薪酬的余额波动比较大，递延所得税资产的数额也会由此增加，而且税务局也不认可这笔职工薪酬。

9. 坏账准备

判断企业是否存在财务舞弊行为，最明显的依据就是看该企业坏账准备计提比例是否显著低于同行业的竞争对手。如果答案是肯定的，那么说明某企业存在财务舞弊行为。比如，该企业在编制财务报表时，从不考虑账龄因素，甚至不公布账龄结构，只是统一按照某固定比例，对所有应收账款和其他应收款提取坏账准备，那么此时，我们就要提高警惕了。在有条件的情况下，我们可以试着了解一下该企业的真实运营情况，如果该企业已经资不抵债了，仍然没有将应收账款进行 100% 减值，那么说明该企业在坏账计提方面存在问题，该企业存在财务舞弊行为。

9.2.2　利润表中的舞弊痕迹

利润表中的舞弊痕迹主要包括以下三个方面。

1. 营业收入

营业收入舞弊的主要手法是虚构收入，我们可以从以下四个方面来了解。

（1）毛利率异常

为了虚构营业收入，有的企业会虚增毛利率。比如，A 公司的业务系统性较强，所涉及的环节众多，它若要进行财务舞弊，往往会牵一发而动全身。此时，A 公司会采取虚增毛利率的舞弊手法来达到降低工作量、减少舞弊痕迹的目的。因此，我们在寻找舞弊痕迹时，可以通过将 A 公司与同行企业进行对比来观察 A 公司的毛利率是否过高或有较大波动，如果其毛利率过高或有较大波动，就说明存在营业收入舞弊行为。

（2）交易异常

为了虚构营业收入，有的企业会虚构交易对手。此外，当企业突然出现与以往从未合作过的大客户进行大宗交易、生产和销售以前从来没有生产和销售过的产品、交易产品的用途明显不合理、交易产品的价格偏离市场价格等异常现象时，也说明企业可能存在营业收入舞弊行为。

（3）细节异常

利润表中的细节之处可以反映财务舞弊行为。比如，某企业的运费或装卸费的增长比例有异常，明显低于营业收入的增长比例；又比如，某企业的出口收入与海关费用之间呈反向变动趋势，当海关费用增加，企业的出口收入反而增长。上述这些明显不符合常理的细节背后很有可能隐藏着营业收入舞弊行为。

（4）其他业务收入异常

其他业务收入是指除主营业务收入以外的收入。企业在进行财务舞弊时，很喜欢虚构其他业务收入。在财务报表中，对主营业务的披露会有严格的要求，对其他业务的披露则没有那么严格的要求，因此，企业在虚构其他业务收入时会有更大的施展空间，也不容易出现纰漏。通过虚构其他业务收入来虚构营业收入的企业，通常会使用文字游戏模糊业务的定义，把某项业务收入同时计入主营业务收入和其他业务收入中，用以虚构营业收入。

2. 销售费用和管理费用

企业在虚构费用时，通常会在销售费用和管理费用（以下简称销管费用）上面做文章。销管费用和营业收入是成正比的关系，若企业的营业收入变化不大，则销管费用也会维持在相对稳定的状况。所以，在考虑某企业是否存在财务舞弊行为时，我们可以将该企业的销管费用和其竞争对手的相比较，如果该企业的销管费用与营业收入的比例大幅度降低且低于其竞争对手的水平，那么说明该企业存在财务舞弊行为。

3. 营业外支出和一次性费用

企业在虚构费用时，为了不让投资者追究出处，通常会使用一些让人不能理解的财务数据，或者创造出一些莫名的费用科目和支出内容。因此，我们在查看财务报表时，要警惕那些陌生的科目名称，因为这些异常内容说明企业可能存在财务舞弊行为。

5. 资产减值损失

我们在前文提到过，企业的费用舞弊手法有一种叫作"洗大澡"，大额计提资产减值损失是常见的"洗大澡"手法之一。如果财务报表显示，企业的资产减值损失与上年同期相比有较大增幅，而企业的利润和损失波动均不大，那么说明企业可能存在"洗大澡"的财务舞弊行为。

9.2.3　现金流量表中的舞弊痕迹

在通常情况下，企业会为了美化经营活动产生的现金流量而粉饰现金流量表，但受制于银行的相关措施，粉饰现金流量表的成本较高。现金流量表中的舞弊痕迹主要包括以下三个方面。

1. 经营活动产生的现金流量净额异常

经营活动产生的现金流量净额是否存在异常，是评判一家企业是否存在财务舞弊行为的重要依据。比如，某企业为了提升经营活动产生的现金流量净额，将用于投资活动的现金计入经营活动中，此时该企业的经营活动产生的现金流量净额会远高于同行企业，其且投资活动产生的现金流量净额为大额负数。不过，如果某企业的经营活动产生的现金流量净额为持续的负数，那么说明该企业也存在财务舞弊行为。

2. 收到的其他与经营活动有关的现金异常

企业也会通过有关联的企业或利益相关人士的转款来美化经营活动现金流入，但一般来说这种项目的金额都偏小，如果出现大额转款，且没有相关解释，那么企业有可能存在财务舞弊行为。

3. 投资活动产生的现金流量异常

我们都知道，企业的资本支出都不是临时起意的，而是在年初就经董事会商定，并以财务预算方案的形式提交年度股东大会讨论通过的。所以，如果企业年度现金流量表中的投资活动现金流出与年初预算有很大出入，那么说明企业存在财务舞弊行为；同理，如果企业年度现金流量表中的投资活动现金流入与年初预算有很大的出入，那么说明企业有可能将用于投资活动的资金转计入了经营活动中，以达到虚增营业收入或美化经营活动现金流入的目的。

财报
小课堂

一些财务报表以外的舞弊痕迹也可以帮助我们识别财务舞弊行为，比如：

✓ 上市公司无法按时发布财务报表；

✓ 更换甚至多次更换会计师事务所；

✓ 独立董事集体辞职；

✓ 大股东持续大量减持公司股票；

- ✓ 频繁更换财务总监；
- ✓ 主要供应商或销售商可疑（执照没有年审、注册地在居民楼、虚假注册地、税务资料缺失等）；
- ✓ 上市公司经常跨行业收购，且主要依赖发行股票支付收购款等。

　　一家企业的财务状况无论是好的还是坏的，该企业都有可能存在财务舞弊行为。为了能准确识别出财务舞弊行为，我们要时刻警惕那些不寻常的痕迹，做到"眼观六路，耳听八方"。

实操笔记

【想一想】资产负债表中的财务舞弊痕迹体现在哪几个方面？应该怎样分析？请在下面写出来。

♻ 9.3　财务舞弊的识别方法

通过本章前两节的学习，我们已经了解了财务舞弊的主要是手法和痕迹。接下来，我们将谈谈识别财务舞弊的方法。为了让大家更迅速地识别财务舞弊，财务和审计高手们总结出了以下六大方法。

9.3.1　剔除关联交易

剔除关联交易是指将来自关联企业的营业收入和利润总额予以剔除的方法。当企业存在关联交易时，财务人员就要分析企业的盈利能力与关联企业的关系，即企业是否完全依赖关联企业盈利。这种方法可以帮助我们判断企业的盈利基础是否扎实、利润来源是否稳定。如果企业的营业收入和利润主要来源于关联企业，那么财务人员要特别关注关联交易的定价策略，并以此来判断关联交易的双方是否存在通过不公平交易和违背市场竞争原则的交易进行财务舞弊的情况。

当分析集团性企业的财务报表时，我们还可以将子公司的个别财务报表和母公司的合并财务报表综合起来进行分析。比如，某集团其母公司合并财务报表中的利润总额低于其子公司个别财务报表中的利润总额，这说明存在其母公司通过关联交易将利润输送至其子公司的情况。

**财报
小课堂**

　　关联交易是指企业关联方之间的交易。关联交易在企业经营的过程中时有发生，这种行为很容易导致不公平交易。从有利的方面讲，关联交易可以节约大量交易成本（如商业谈判成本），还可以通过有力的行政力量保证合同被优先执行，进而提高交易效率；从不利的方面讲，关联交易有可能使交易的价格、方式等在非竞争的条件下出现不公正情况，进而导致对股东或部分股东权益、债权人权益的侵犯和损害。

9.3.2　剔除不良资产

除了亏损的各项净资产和无法变现的虚拟资产，不良资产还包括可能产生潜在亏损的资产项目，如长期拖欠的应收账款、存货跌价和积压损失、投资损失、贬值的固定资产等。

剔除不良资产的方法有两种：第一种是将不良资产总额与净资产进行比较，如果不良资产在净资产中所占的比率较高，那么形成的"资产泡沫"也就较大，企业的持续经营能力也就较差；第二种是把同期的不良资产增加额和利润总额、不良资产增减幅度和利润增减幅度进行比较，如果不良资产的增加额及增加幅度超过利润总和的增加额及增加幅度时，那么说明企业在这个时间段内的利润表是被粉饰过的。

9.3.3　分析现金流量

分析现金流量是指将企业的经营活动产生的现金流量分别与各项利润进行比较分析，以判断企业各项利润的质量。总的来说，没有充足现金流量的利润，其质量通常不高。如果企业经营活动产生的现金流量长期低于净利润，就意味着相应的资产无法变现，企业的财务状况并不像财务报表所显示的那样那么尽如人意。

9.3.4　剔除异常利润

剔除异常利润，就是剔除一家企业除主营业务利润以外的所有利润，如其他业务利润、投资收益、补贴收入、营业外收入等。通过剔除异常利润，我们可以更好地分析企业利润来源的稳定性，尤其是当有些企业利用资产重组来美化利润时，我们可以运用这个方法快速识别出财务舞弊行为。

9.3.5　分析重点会计科目

当企业在财务报表中做手脚时，它们往往会从"应收账款""其他应收款"

"其他应付款""投资收益""无形资产"等科目入手。当这些科目出现异常变动时，我们就要思考该企业是否存在利用这些科目进行财务舞弊的可能性。

9.3.6 分析或有事项

或有事项是指过去的交易或事项形成的，其结果须由某些未来事件的发生或不发生才能决定的不确定事项。或有事项的结果是否发生具有不确定性，或者或有事项的结果预计将会发生但发生的具体时间或金额具有不确定性。常见的或有事项包含未决诉讼或仲裁、债务担保、产品质量保证（含产品安全保证）、承诺、亏损合同、重组义务、环境污染整治等。

出现负面信息的或有事项对企业的打击往往是沉重的，因此一些企业往往会试图掩饰或隐瞒此类事项，以此来减少负债、制造资产泡沫，进而达到诱导和欺骗投资者的目的。因此，财务报表分析者应该关注企业是否按要求完整披露或有事项，是否存在隐瞒或粉饰的行为。

随着我国经济的不断发展，企业的经济活动越来越复杂，随之而来的财务舞弊现象也越来越多。层出不穷的财务舞弊现象让企业、股东、投资者等蒙受了许多损失，为了规避风险、减少损失，财务人员和审计人员要严格把关，坚决地杜绝财务舞弊行为。

实操笔记

【说一说】什么是"不良资产"和"异常利润"？请举例说明。

第 10 章

进阶：分析财务报表，把握企业经营状况

一家企业的经营状况是通过其偿债能力、盈利能力、发展能力和周转能力来体现的，而这四项能力又是通过财务报表中的各指标体现出来的，因此，为了把握企业的经营状况，我们必须掌握必要的财务报表分析方法。

♻ 10.1 评价企业的偿债能力

在企业经营的过程中，财务风险无处不在，企业很有可能因为一笔债务而陷入危机，甚至濒临破产。为了规避财务风险，企业要提高自己的偿债能力。反映企业偿债能力的各比率已经在前文中详细介绍过了（见表7-1），这里不再赘述。

企业的偿债能力可按偿还期限分为短期偿债能力和长期偿债能力。我们在分析企业偿债能力时，应该将二者区分开来。

10.1.1 评价企业的短期偿债能力

短期偿债能力是指企业以流动资产偿还流动负债的能力，它反映企业偿付日常到期债务的能力。如果企业的短期偿债能力发生问题，就会促使企业管理者耗费大量精力去筹集资金，以应付还债，还会增加企业筹资的难度，或加大临时紧急筹资的成本，影响企业的盈利能力。企业的短期偿债能力主要通过流动比率、速动比率及现金流动负债比率等来体现。

流动比率是流动资产对流动负债的比率，我们都知道，流动资产就是指那些周转速度快、变现快的资产，所以流动比率反映企业的变现能力。该比率越高，企业的变现能力就越强，短期偿债能力也就越强。通常认为，企业的流动比率一般维持在200%左右较为合适，此时债权人的权益能得到保障，企业经营也能平稳开展。

速动比率和流动比率一样，也反映企业的变现能力，它是速动资产与流动负债的比率。企业的速动资产主要包括可靠的现金、应收账款、有价证券等，其变现能力比流动资产更强。速动比率越高，企业偿还短期负债的能力就越强。通常认为速动比率维持在100%左右较为合适。

现金流动负债比率越高，企业经营活动产生的现金净流量就越多，为企业按期偿还到期债务提供了保障。但这个比率不是越高越好，过高的现金流动负债比率说明企业的流动资金利用得不是很充分，没有给企业带来较多的利润。

10.1.2　评价企业的长期偿债能力

长期偿债能力是指企业偿还一年以上债务的能力，它与企业的盈利能力和资金结构密切相关。评价企业长期偿债能力的重要指标有长期负债率、资产负债率等。企业的债权人、投资者、管理者及与企业有关联的各方面等都十分关注企业的长期偿债能力，因此，评价企业长期偿债能力非常重要。

长期负债率是非流动负债与资产总额的比率，随着时间的迁移，非流动负债也会转化为流动负债，所以流动资产在偿还流动负债的同时还要偿还到期的非流动负债，这就十分考验企业的长期偿债能力。长期负债率越低，企业的长期偿债能力就越强，债权人的权益也就越有保障。

通常，资产负债率能体现一家企业的总体负债水平，当资产负债率超过85%时，说明企业负债较多，偿债压力大；当资产负债率超过100%时，企业会出现资不抵债的情况，严重的会导致企业破产。所以，企业一定要把握好该比率。

一般来说，过多的债务会影响企业的经营，甚至有可能导致企业破产，但这也不是绝对的。有一些企业有很强的负债经营能力，负债多但是利润同样多，所以企业仍能正常经营。负债经营是对管理者经营水平的考验，只有维持负债和偿债能力间的微妙平衡，企业才不会出现清偿性危机。

财报小课堂

负债经营也称举债经营，是企业通过银行借款、发行债券、租赁和商业信用等方式来筹集资金的经营方式。不是什么企业都能负债经营，只有满足以下四个条件的企业，其负债经营才能有利可图：

✓ 企业必须具有偿付长期、短期到期本息的流动资产；

✓ 进行负债经营所获得的利润必须大于负债产生的利息，或者即使个别债务利息过高，但企业整体仍有利可获；

✓ 资产负债率虽然高于同行业水平，但其能控制权益资本不被债权人收购；

✓ 举债经营是在促使企业效益最大化，而不是为了借新债还旧债，后者会让企业的财务状况处于恶性循环中。

财务活动与经营活动是息息相关的，在企业经营中，产生债务风险的因素有很多，如生产运营、筹措资金、投资活动等，因此，在扩大生产时要时时刻刻关注和提升自身的偿债能力。

实操笔记

【写一写】反映企业短期偿债能力、长期偿债能力的比率分别有哪些？请在下面写出它们的计算公式。

♻ 10.2 分析企业的盈利能力

盈利能力是指企业获取利润的能力，因而也被叫作企业的资金或资本增值能力，它通常表现为在一定时期内企业收益数额的多少及其水平的高低。通过分析企业的盈利能力，管理者和财务人员可以发现在企业经营中存在的问题，并据此改善企业的财务结构，提高企业的管理和运营水平。

在前面的章节中，我们已经详细介绍了反映企业盈利能力的各比率（见表7-2），如果你对它们的印象还不是很深刻，不妨先回顾一下。

反映企业盈利能力的比率有很多，有的人能熟记每个比率及其计算公式，也能把每个比率反映的问题说得头头是道，但是却不会综合运用这些比率来分析企业的盈利能力。这是因为他们没有找准分析的角度，也不具备综合分析的思维。因此，本节将从宏观的角度利用盈利能力比率来帮大家厘清企业盈利能力的分析思路。

事实上，分析企业的盈利能力应该从评价总体盈利状况、探究盈利质量、揭示盈利的影响因素这三个维度来展开。

10.2.1 评价总体盈利状况

企业的总体盈利状况可以通过利润占比和收益率这两个指标来体现。

1.利润占比

企业收入中的利润占比，是企业资本增值能力的直接体现，也是评价一家企业整体状况的重要指标。

计算利润占比最常见的方法是将利润作为分子、营业收入作为分母，求出比率。当然，我们也可以用利润表中的其他数据进行计算，只是上述这种算法是最常见和最容易理解的。另外，其他单项利润率和销售毛利率也是我们分析一家企业的重要指标，不应该被忽略。

2. 收益率

收益率，即我们常说的投资回报率，最常见的收益率计算方法是将利润表中的项目作为分子、资产负债表中的项目作为分母来进行计算，其中最能反映企业经营状况的是净资产收益率和投入资本回报率。作为评价企业盈利能力的综合指标，净资产收益率能够从企业所有者的视角出发对企业进行更加全面的评估，因此，对投资者来说，净资产收益率是一个非常重要的指标；而投入资本回报率排除了企业的营运资金融资决策造成的影响，不仅考虑了企业的负债情况，而且扣除了企业的闲置资金，直接的展示了投入到企业日常经营活动中的本金的收益能力和企业的日常经营状况。

10.2.2　探究盈利质量

盈利质量是判断一家企业是否能走得更久、更远的重要因素，也是评价企业盈利能力的重要依据。我们可以从以下三个方面来探究企业的盈利质量。

1. 修正会计处理对利润的扭曲

根据权责发生制原则的要求，财务人员要分期核算企业的各项费用，推销、折旧等非付现成本的不同处理方法将对利润产生不同影响，这将不可避免地使利润留下人为可操纵的空间，因此，在探究企业的盈利质量时，我们要修正会计处理对利润的扭曲。

2. 剔除非常规因素的影响

有时候，我们发现，一家企业在某个年份的净利润与该企业在其他年份的净利润差别很大，这就说明在此年份的某一个时间点发生了一件不经常发生的事件，影响到了该企业的经营，比如政策的调整、债务重组、自然灾害等突发事件带来的影响。突发事件都是非常规的，如果上述的一个或几个突发事件对某企业的生产经营和营业收入产生了较大的影响，那么说明该企业的核心竞争力和抗风险能力不强。因此，在探究盈利质量时，我们要从净利润中剔除非常规因素的影响，只有这样我们才能看出企业真实的核心竞争力和抗风险能力。

3. 综合价值评估

因为传统的财务分析法无法对股权融资成本、通货膨胀、投资年限对盈利水平的影响等非会计交易的外部因素进行评估，所以为了更加科学地开展财务工作，我们需要引入外部数据。具体来说，在探究企业的盈利质量时，我们应该首选通用性较强的息税前利润，这是因为息税前利润能够自动排除资本结构与所得税政策差异的影响，能更准确地比较不同时期企业的盈利质量。我们也可以用现金净流量与利润比率替代息税、折旧及摊销前利润，将其作为考核企业盈利能力的指标，从而更清晰地反映企业的盈利质量。

财报小课堂

盈利质量，又称利润质量，是指企业利润的形成过程及其结果的合规性、效益性、公允性。盈利质量的影响因素有三个：利润来源的稳定可靠性、信用政策及存货管理水平、关联交易。

盈利质量高的企业不仅资产运转良好，有良好的购买能力、偿债能力、交纳税金和支付股利的能力，而且具有较好的市场发展前景；相反地，盈利质量低的企业资产运转不畅，其支付能力和偿债能力也都较弱。

10.2.3 揭示盈利的影响因素

分析成本的构成和盈亏平衡点、按业务条线分析毛利率、按流程活动分析支出比例、按资产项目分析资产周转率等，都是帮助我们揭示盈利影响因素的方法，它们能够帮助企业找到导致盈亏的具体原因。

应收账款周转率、存货周转率、总资产周转率都属于资产使用效率类指标，它们是反映盈利影响因素的重要指标。在通常情况下，这些比率越高，表明在资产规模相同的情况下，企业能获得越多的营业收入或经营活动产生的现金流量。

不过，为了精简财务报表分析的过程，我们可以只选择应收账款周转率和总资产周转率这两个指标来进行分析。应收账款周转率体现了资产利用效率对经营活动产生的现金流量的贡献；总资产周转率则反映了资产利用效率对收入的贡献程度，直接和企业的盈利挂钩。

企业盈利能力的强弱不仅影响企业的发展前景，也与职工的各种薪资福利及股东、投资者、债权人的权益息息相关，企业中的每个人都应该为提升企业的盈利能力而做出努力，管理者更是要进一步提升自己的管理、经营和决策水平。

实操笔记

【写一写】1.企业盈利能力分析应从哪三个方面展开？反映企业盈利能力的财务指标有哪些？它们的计算公式分别是什么？请在下面写出来。

_____

_____

♻ 10.3　考察企业的发展能力

企业的发展能力，又称成长能力，是企业通过长期积累和发展而形成的核心竞争力。企业的外部经营环境、内在素质及资源条件都会影响企业的发展能力。

分析企业的发展能力主要有两大作用：一个作用是考察企业通过逐年收益增加或通过其他融资方式获取资金扩大经营的能力；另一个作用是判断企业未来经营活动产生的现金流量的变动趋势，预测企业未来现金流量的大小。

下面我们来看一看企业发展能力的分析方法。

10.3.1　企业发展能力的分析方法

反映企业发展能力的指标包括利润留存率、再投资率、净利润增长率及销售收入增长率等，这些比率我们在前文中已经详细介绍过（见表7-3），这里就不再赘述。

除计算和分析以上比率以外，我们还可以从现金流量的角度来考察企业的发展能力。如果企业要扩大规模就会追加长期投资，那么投资活动中的现金净流出量也会大量增加，这里有两种可能性：一种是内投资净流量提高，说明该企业会有一个新的投资机会；另一种是外投资净流量提高，说明该企业在寻求新的投资项目和发展机遇。另外，对企业发展能力的考察还需要将投资活动产生的现金流量与筹资活动产生的现金流量联系起来分析。比如，如果某企业在投资活动和筹资活动中的现金流入量数额都比较大，那么说明该企业的生产经营比较稳定，它可以通过对外部筹资来扩大生产规模；反之，如果该企业在投资活动和筹资活动中的现金流入量数额都比较小，那么说明该企业没有扩大生产规模，而是把资金用于偿还债务。

10.3.2　考察企业的可持续发展能力

要考察企业是否具备可持续发展能力，不仅要考察企业的发展能力，还要考察企业的成长质量，换句话说，我们要将企业的经营业绩和资产规模结合起来分析，看它们的增长能否为企业带来高利润。

**财报
小课堂**

反映企业可持续发展能力的指标有总资产回报率、净资产回报率、每股收益、资金利润率、资产负债率和资本保值增值率。

对于企业的管理者来说，评价企业的经营能力不是看企业营业收入的增长率，而是要看企业盈利的可持续增长。那么，为了达到盈利的可持续增长，企业要加大对技术研发、市场份额分析等重要领域的资金投入，以保障企业的可持续发展。

实操笔记

【想一想】反映企业发展能力的比率有哪些？请在下面写出来。

♻ 10.4　了解企业的周转能力

企业的周转能力体现了企业内各种资产的使用和运转效率。通过分析资产的周转率或周转速度指标，我们可以获得企业经营能力方面的信息，为提高企业的经济效益指明方向。下面介绍三种了解企业周转能力的方法。

10.4.1　计算和分析反映周转能力的指标

反映企业周转能力的比率包括应收账款周转率、存货周转率、固定资产周转率、资本周转率、总资产周转率，这五个比率在前面的内容中已经介绍过（见表 7-4），大家可以回顾一下。值得一提的是，我们在衡量企业的周转能力时，除了计算和分析相关比率以外，还要考虑周转天数，其中：

✓ 应收账款周转天数 = 应收账款平均余额 ×360/ 销售收入

✓ 存货平均周转天数 = 存货平均余额 ×360/ 销售成本

应收账款周转天数是衡量企业应收账款回收工作效率的重要指标；存货平均周转天数是衡量企业销货能力、判断存货是否过量的重要指标，是分析企业流动资产运转能力的重要依据。

10.4.2　看长期负债、流动负债、销售收入的变化

长期负债（非流动负债）是反映企业负债经营情况的主要项目。比如，如果某企业的长期负债增加，那么该企业的负债经营风险也随之提高，此时，管理者就要重点关注企业的经营效益：若该企业在长期负债增加的情况下，销售收入也增加，则说明该企业经营状况良好，负债经营策略正确；反之，则说明该企业经营状况局势严峻，债务压力倍增。

我们还要将长期负债、流动负债（短期负债）、销售收入的增减变动结合起来分析。比如，某企业想要扩大经营业务的规模，此时它需要有长期的生产

经营资金做保障，这一现象如果反映在财务报表中，就是长期负债增加、流动负债减少，在这种情况下，我们还需要看该企业的销售收入。如果该企业的销售收入增加，那么说明企业的经营方针正确，抓住了投资机会。如果该企业的销售收入没有增加，那么无外乎两种情况：一种是企业通过在建工程来调整结构，这时投资者要重点分析在建工程的预期效益和详细的建设情况；另一种是企业为了应对短期资金紧张的局面，借入大量债务，降低了企业的独立性和稳定性，恶化了企业的资金结构。

当企业的长期负债、流动负债、销售收入都在增加时，如果销售收入的增幅大于长期负债和流动负债的增幅，说明企业在所有者权益变动不大的情况下，处于良性发展时期；相反地，如果销售收入的增幅小于长期负债和流动负债的增幅，那么说明企业经营规模的扩大并没有伴随经济效益的提高。

当企业的长期负债、流动负债、销售收入都在减少时，如果销售收入的减幅大于长期负债和流动负债的减幅，那么说明企业处在衰退时期，急需进行方向性战略调整来摆脱困境；如果销售收入的减幅小于流动负债和长期负债的减幅，那么说明企业处于调整时期，需要缩小企业的经营规模，同时要提高经济效益，促进企业良性发展。

当然，最理想的状况莫过于企业扩大了销售市场，提高了经济效益，企业经营方针正确，负债也逐步减少，反映在财务报表中的情况就是流动负债减少、长期负债减少、销售收入在增加。

10.4.3　比较流动资产率和营业利润

将流动资产率和营业利润相比较，可以得出以下结论：

1.流动资产率和营业利润同时增长

如果流动资产率和营业利润同时增长，那么说明企业经营状况有所好转，周转能力得到提升。

2.流动资产率增长，营业利润下降

如果流动资产率增长，营业利润下降，那么说明企业产品销售情况不佳，周转能力不高。

3. 流动资产率下降，营业利润增长

如果流动资产率下降，营业利润增长，那么说明企业资金周转速度加快，并创造出了更多利润。

4. 流动资产率和营业利润同时下降

如果流动资产率和营业利润同时下降，那么说明企业原有的生产结构过时且经营不善，财务状况也有可能恶化。

企业的周转能力决定了企业能否创造更多的利润，因为当企业的周转能力不高时，就很难维持高利润状态，所以管理者和投资者都需要重视企业的周转能力。

实操笔记

【想一想】当"流动资产率增长，营业利润下降"时，企业的周转能力如何？请在下面写出来。

_____

_____

_____

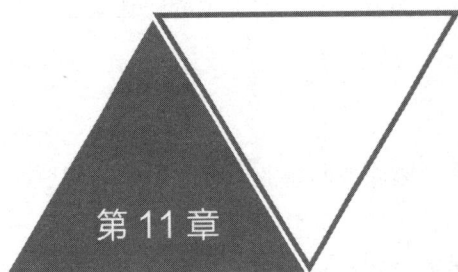

第 11 章

应用：透过财务报表看企业，学习经营之道

　　虽然不同行业企业的财务报表各有特点，其中体现出的问题也五花八门，但是不同行业优秀企业的财务报表具有一些共同特征。有经验的企业管理者可以从这些优秀企业的财务报表中看出很多经营之道，并进行学习和借鉴，以提升自身的管理水平和决策水平。

♻ 11.1　不同行业企业财务报表的分析重点

很多人在学习分析财务报表时，都会问一个问题："分析某行业企业的财务报表时，应该重点关注哪些指标？"事实上，不同行业企业的财务报表各有特征，其特征与行业的商业逻辑是相匹配的。我们在进行财务报表分析时，要充分考虑不同行业的商业逻辑，并注意总结不同行业的财务特征，因为这些财务特征是我们应关注的不同行业企业财务报表的分析重点。

下面为大家列举几个重点行业企业的财务报表的分析重点。

1. 互联网企业

一般来说，互联网企业不会有大量的固定资产，与此相对应的是，它们通常都拥有大量的无形资产，如软件、专利技术、商誉等。因为没有有效的固定资产，所以互联网企业的融资通常只能通过出让一部分股权来完成。判断互联网企业经营状况的关键在于该企业无形资产的盈利能力。

在判断无形资产的盈利能力时，我们需要参考的主要数据包括历史研究成果、职工薪资待遇及核心技术的盈利水平和使用年限等，这些都是分析互联网企业财务报表时需要重点关注的内容。

2. 金融机构

金融机构包括银行、保险公司及与金融相关的其他机构，具有资金流量较大的特征，因此，我们在看金融机构的财务报表时要重点关注与非流动资产、流动负债相关的数据。通过分析我们会发现，金融机构的非流动资产、流动负债的比例远远高于其他行业的企业。以银行为例，在银行的业务结构中，存款业务和贷款业务占有相当大的比例，其中，大量的长期贷款导致银行拥有数额庞大的非流动资产，庞大的短期储户群体又导致银行拥有大量的流动负债，由此我们可以得出结论：一家银行的资产负债率越高，说明该银行的资金越充足，盈利能力越强，财务状况越好。

3.房地产企业

　　房地产企业最大的特点是存货、预收账款、长期负债等在其总资产中所占比重较大。判断一家房地产企业的财务状况是否良好，我们需要根据多个指标来进行衡量，但是，如果非要选择一个指标来判断房地产企业的财务状况，那么预收账款是最好的选择。因为预收账款回流的资金是否充足，既关系到企业的财务状况，也关系到企业的房地产项目在未来是否具有较大的升值空间；同时，预收账款的回收情况还能够反映房地产行业的整体发展状况。总的来说，预收账款主要用来考验房地产企业的前瞻性和抵御财务风险的能力。

4.百货零售企业

　　百货零售企业通常拥有金额较为庞大的固定资产。此外，现金流量是否充足，是衡量一家百货零售企业经营状况好坏的重要指标。百货零售企业必须保留充足的周转资金、存货，并保证货款能及时收回，只有这样才能持续经营下去。

5.服装纺织企业

　　存货是衡量一家服装纺织企业财务状况的重要指标。存货的数额可以反映企业对未来市场的预期、对自己销售能力的判断。除了存货的数额，我们还要关注存货的周转率，因为如果存货的周转率过低，那么企业的经营效率也会很低。

6.机械制造企业

　　机械制造业的细分类别有很多，如动力机械、化工机械、工具、仪器等，它是我国支柱性产业之一。机械制造企业的各项财务报表项目都很受投资者的关注，其中应收账款是最受关注的。

　　如果一家机械制造企业的应收账款大幅增加，原因可能有两个：一个是市场需求不足，企业为了留住客户，采取了延长付款期限的措施；另一个是客户的资金紧张，无法按时付款。这两个原因造成的应收账款大幅增加都会影响企业的资金回流速度。

　　最后需要指出的是，虽然财务报表为我们提供了大量可供分析的第一手信息，但它也存在着局限性，所以，我们在衡量企业财务状况时，一定要结合企业的实际情况。

实操笔记

【想一想】假如你要分析一家银行的财务报表，你应该重点关注其财务报表中的哪些内容？请在下面写出来。

♻ 11.2　透过财务报表看企业

　　财务报表就像企业的一面镜子，能将企业的经营状况真实地反映出来。企业管理者和投资者在透过财务报表看企业时，应该重点关注资产负债表、利润表和现金流量表，因为这三张表能够回答企业管理者和投资者最关心的三个问题：企业有多钱？企业赚了多少钱？企业的现金流是否健康？

11.2.1　企业有多少钱

　　要搞清楚企业有多少钱，管理者和投资者需要关注资产负债表。通过阅读前面的章节，我们已经对资产负债表相当熟悉了，所以这里就不再赘述它的具体内容和分析方法了，下面我们从企业经营管理和投资决策的角度出发来看一看资产负债表中有哪些重点内容需要我们关注。

　　当我们拿到一家企业的资产负债表时，我们要关注该企业的总资产，也要关注该企业的负债和所有者权益，这些有助于我们了解该企业的财务状况。

1. 企业的总家当（总资产）

　　要了解企业的总资产情况，我们要看生产资产占比、应收占比、有息负债现金覆盖率、非主业资产占比这四个指标。

　　（1）生产资产占比 = 生产资产 / 总资产

　　生产资产占比低的企业属于轻资产企业，这类企业主要集中在互联网、金融等新兴行业中；生产资产占比高的企业属于重资产企业，这类企业主要集中在钢铁、建筑等传统行业中。

　　轻资产企业没有高额的固定成本，且成本范围比较容易控制，当市场不景气时，其各项成本会跟随销量下调，因此，轻资产企业更容易在逆境中保持盈利能力；重资产企业有高额的固定成本，而且会产生大量的资产折旧，这些成本和折旧需要大量产品来分摊，那么，一旦产品销量下滑，重资产企业就有可能出现财务危机。

（2）应收占比 = 应收款项 / 总资产

应收占比是应收款项在总资产中所占的比例，我们可以将企业的应收占比与其同行企业进行比较，若该比率超过中值，则说明应收款项在总资产中的占比过大。此外，应收款项的增幅不应该超过营业收入的增幅，若应收占比和应收款项的增幅均出现过大的情况，则说明企业采取了较为激进的销售策略，这对企业来说不是好兆头，应引起管理者的警惕。

（3）有息负债现金覆盖率 = 货币资金 / 有息负债

有息负债是指企业负债当中需要支付利息的债务，短期借款、长期借款、应付债券、融资租赁负债等都是有息负债，应付票据、应付账款、其他应付款等也有可能是有息负债。如果企业因负债产生的利息过多，就有可能产生财务风险，危及企业的正常经营。有息负债现金覆盖率是企业货币资金和有息负债的比例，如果一家企业的货币资金能够完全覆盖有息负债，那么说明该企业的财务状况良好。有息负债现金覆盖率是有明确范围的，企业货币资金与金融资产合计能够覆盖有息负债是最低标准。

（4）非主业资产占比 = 非主业资产 / 总资产

非主业资产占比可用来判断企业是否将主要的精力放在最擅长的领域（主营业务）内。如果某企业的非主营业务的占比增加，那么可能说明该企业在自己的主营业务范围中逐渐失去了竞争力，当然也不排除该企业非主营业务因为市场环境变化而获得了较好的发展。

2. 借来的钱（负债）

企业在经营的过程中难免要借钱，重要的是要弄清楚下面这些问题：企业为什么借钱？找谁借？借多久？是否有利息？利息是多少？通过这些问题所得到的信息可以帮助我们看出企业的整体实力。如果某企业的债务结构合理、偿债能力强，或者负债经营的能力强，那么该企业的经营状况就会不错。

当然，我们最应该关注的是企业的负债率，当企业的资产负债率超过 60% 时，管理者就要小心了，因为在这种情况下，一旦收益达不到预期，企业就有可能发生财务危机。

3. 自己的钱（所有者权益）

所有者权益就是企业自己的钱。对于所有者权益，管理者要重点关注其增幅与总资产增幅的变化关系，看透企业规模扩大背后的真相，警惕财务风险的发生。

如果企业总资产的增幅小于所有者权益的增幅，那么说明用于扩大经营规模的资金全部来源于股东，企业的资金实力得到了提高。通常，这种类型的规模扩大对企业来说是一件好事。

如果企业总资产的增幅大于所有者权益的增幅，那么说明企业用于扩大经营规模的资金来源于负债，企业的资金实力和债务安全性下降，这种情况应引起债权人或潜在债权人的警惕。不过，我们还应结合市场环境，审慎评估企业的发展能力，因为很多新兴企业在初期都具有这个特征。

11.2.2　企业赚了多少钱

利润表是对企业盈利能力的最直观展示，在分析利润表时，营业收入、毛利率、费用率、净利润率、营业利润率这五点是需要我们重点关注的。

1. 营业收入

排除收购和兼并，营业收入增长的主要原因有潜在需求的增加、市场份额的提升和价格的提高。

潜在需求的增加是市场活跃的表现，说明整个行业的发展呈上升趋势；市场份额的提升是企业参与市场竞争的结果，企业需要维持自身的竞争优势，只有这样才能维持由市场份额提升带来的营业收入的增加；价格的提高说明企业的产品或服务具有明显的竞争优势，如果企业想要获得由价格提高带来的营业收入增加，就要提升产品或服务的核心竞争力和不可替代性。

财报小课堂

　　我们评估一家企业的营业收入时，不仅要看它的增长数额，还要看其增速是否高于行业平均水平。若一家企业的营业收入增速高于行业平均增速，则说明企业的市场份额在提升，企业是行业中的强者；反之，则说明企业在走下坡路。

2. 毛利率＝（主营业务收入 − 主营业务成本）/ 主营业务收入 ×100%

如果毛利率高，那么说明企业的产品或服务具有很强的竞争优势；如果毛利率低，那么说明企业的产品或服务可代替性很强，不具备核心竞争力。当企业产品或服务的毛利率很低时，其利润空间就会受到竞争对手和同行的挤压。一般来说，毛利率保持在 40% 以上的企业，通常都具有比较明显的竞争优势。

3. 费用率＝费用 / 营业总收入 ×100%

在企业的生产经营活动中，费用支出是必不可少的，费用在营业总收入中所占的比例，就是费用率。费用率的高低反映了企业产品或服务的核心竞争力及成本控制能力。比如，某企业的产品或服务没有竞争优势，为了完成销售任务，该企业不得不实施更多的促销手段、投入更多的销售费用，这种情况会造成费用率的大幅上升。销售费用较低的企业，通常拥有核心竞争力较强的产品或服务，因而它能够吸引消费者主动购买它的产品或服务，并且形成良好的口碑。

4. 净利润率＝净利润 / 主营业务收入 ×100%

相对保守的投资者通常不会选择净利润率低的企业（如某些投入大量研发费用的企业），这是因为这些企业的前景不明，投资该企业有较高的风险。其实，风险往往伴随着机遇，高投入也有可能带来高回报。所以，在经营企业的过程中，管理者既要防范风险，也要抓住机遇。

5. 营业利润率＝营业利润 / 营业收入 ×100%

营业利润率是反映一家企业经营状况的重要指标。我们只有反复地对比企业营业利润的变化、构成，竞争对手的营业利润情况等信息，才能判断企业的经营状况及其在行业中所处的位置。

11.2.3　企业的现金流是否健康

通过关注现金流量表，我们可以了解企业的现金流是否健康，即了解企业的现金流中是否存在一些异常现象，如果答案是肯定的，那么我们需要分析出产生这些异常现象的原因。

1. 经营活动产生的现金流量中的异常现象及其原因分析

经营活动产生的现金流量中的异常现象及其原因分析，如表 11-1 所示。

表 11-1　经营活动产生的现金流量中的异常现象及其原因分析

异常现象	原因分析
经营活动产生的现金流量净额持续负值，应付账款和应付票据的资金占用猛增	应收账款减少，应付账款和应付票据的大量增加，可能意味着企业拖欠供应商货款，这是企业资金链断裂前的一种征兆
异常的资产减值准备大额计提	说明以前年度的投资决策失误（固定资产减值）或经营决策失误（存货跌价准备）
经营活动产生的现金流量净额远低于净利润	企业存在利润造假的可能

2. 投资活动产生的现金流量中的异常现象及其原因分析

投资活动产生的现金流量中的异常现象及其原因分析，如表 11-2 所示。

表 11-2　投资活动产生的现金流量中的异常现象及其原因分析

异常现象	原因分析
购买固定资产、无形资产等的支出持续高于经营活动产生的现金流量净额	这是企业通过持续借钱进行投资的行为。至于企业持续借钱进行投资的原因，有两种：一种是管理者对企业未来的发展存在非常高的预期；另一种是出于某种特殊理由，企业必须流出现金
在投资活动现金流入中，有大量现金来源于固定资产和其他资产的出售	企业经营能力下降，导致企业业绩的倒退

3. 筹资活动产生的现金流量中的异常现象及其原因分析

筹资活动产生的现金流量中的异常现象及其原因分析，如表 11-3 所示

表 11-3　筹资活动产生的现金流量中的异常现象及其原因分析

异常现象	原因分析
企业的贷款金额远小于归还借款支付的现金金额	这可能透露银行降低了对该企业的贷款意愿，使用了"骗"回贷款的手段
企业为筹资支付了明显高于正常水平的利息或中间费用	这可能意味着企业正在面临着存续危机或其他重大危机

通过分析财务报表，管理者可以挖掘出自己在经营企业的过程中存在的问题和隐患，及时有效地解决它们，从而让企业更健康、更平稳地发展。

实操笔记

应从哪三个方面来看"企业有多少钱"？请在下面写出来。

♻ 11.3　了解优秀企业的财务报表

优秀企业的优势各有不同，但它们的财务报表却有共通之处：优秀企业的财务报表中有一些比较类似的综合指标，这些指标可以从侧面揭示出优秀企业的运营和管理措施；另外，优秀企业的财务报表有一个共同特征——高 ROE。

11.3.1　优秀企业财务报表的综合分析指标

想要判断一家企业是否优秀，应该从以下四个方面出发。

首先，分析企业的盈利能力。我们可以通过毛利率、净利润率等指标来判断企业的盈利能力，这两个比率越高，说明企业的盈利能力越强。很多优秀企业都有着较高的毛利率，比如中国贵州茅台酒厂有限责任公司（以下简称贵州茅台）和苹果公司。

其次，分析企业的偿债能力。我们可以通过流动比率、速动比率、资产负债率等指标来判断企业的偿债能力。偿债能力直接反映企业的经营状况、信用状况、现金流状况等。但是，我们也要明白，合理的债务可以为企业快速发展提供必要的助力，比如合理的融资、贷款。

再次，分析企业的现金流量是否充足。我们可以通过营业收入收现率 [1] 和净现比 [2] 等指标来分析企业的现金流量是否充足。营业收入收现率反映企业营业收入中的现金流量是否充足。净现比反映企业的净利润中的现金流量是否充足，不过有一点要注意，我们在考察企业的净现比时，应该结合实际情况，比如，发展初期的企业往往没有优秀的净现比，因为企业的发展需要投入大量资金；再比如，快线行业企业的净现比普遍高于其他行业企业。

最后，结合企业的资产负债表、利润表、现金流量表来衡量企业的运营状况。

---

[1] 营业收入收现率，又叫销售收现率，是指在一定时期内（一般为一年，也可为几年）企业所实现的销售收入中实际收到现金的比例。

[2] 净现比是指净利润和经营活动产生的现金流量净额之间的比值。

比如，某企业的资产负债表中的存货量在下降，现金流量表中的经营活动产生的现金流量在持续增长，利润表中的营业收入在持续增长，这些说明该企业的经营状况良好。

通过分析财务报表我们不难发现，优秀企业的财务报表具有一些共同特征，企业管理者可以深入研究这些共同特征，找到优秀企业在管理和经营上的秘诀。

11.3.2　优秀企业财务报表的最大特征：高 ROE

上文我们已说过，在优秀企业的财务报表中存在一些共同特征，而其中最具代表性的特征就是高 ROE。

1. 什么是 ROE

ROE 是净资产收益率的简称，又叫净资产利润率，它是净利润与平均股东权益的比率，是企业净利润除以净资产后得到的数据。该比率反映股东权益的收益水平，它越高，说明股东权益的收益水平越高；它越低，说明股东权益的收益水平越低。由此，我们可以看出，ROE 是一个用来衡量企业资本运作收益率的指标。

在通常情况下，负债的增加会导致 ROE 的上升，为什么会出现这样的情况呢？我们先来了解一下企业的资产。企业的资产包括两个部分：一部分为股东投资，即所有者权益；另一部分是企业通过借贷等手段获取的资金。其中，借贷获取的资金具有财务杠杆的作用，而合理的财务杠杆可以提高资金的使用效率，虽然借入的资金过量会带来很高的财务风险，但同时也会带来更多的收益。

财报
小课堂

　　财务杠杆，又叫筹资杠杆或融资杠杆，它是指由于固定债务利息和优先股股利的存在而导致普通股每股利润变动幅度大于息税前利润变动幅度的现象。

> 财务杠杆系数（DFL）＝普通股每股利润变动率／息税前利润变动率。当息税前利润增加时，每1元盈余所负担的固定财务费用就会相对减少，盈余会相对增多。财务杠杆影响的是企业的息税后利润而不是息税前利润。

2. 高ROE的企业就是好企业

巴菲特曾在致股东的信中说过，如果非要让他根据一个指标来选择股票，那么这个指标一定是ROE。他表示，ROE常年保持在20%以上的企业都是好企业，可以考虑买入这些企业的股票；而ROE超过30%的企业则是凤毛麟角。

ROE的计算公式为：

净资产收益率＝净利润／净资产。如果我们可以将这个公式进行如下分解：

净资产收益率＝净利润／净资产＝（净利润／销售收入）×（销售收入／总资产）×（总资产／股东权益）＝净利润率×总资产周转率×权益乘数

通过以上这些计算公式，我们最终可以得到这样一个计算公式：

净资产收益率＝净利润率×总资产周转率×权益乘数

在此公式中，净资产收益率被分解成了三个部分，即净利润率、总资产周转率和权益乘数，其中权益乘数反映财务杠杆的大小。由此可知，高ROE也可以被拆分为高净利润率、高周转率和高杠杆三种模式。

（1）高净利润率

高净利润率企业的代表有贵州茅台和苹果公司，正是因为有极高的净利润率，这两家公司的ROE才能远远高于其他大多数企业。不过，企业想要维持高净利润率是非常困难的，需要管理者在产品、服务、管理、运营等各方面下功夫。

（2）高周转率

目前，我国很多房地产企业都属于高周转率企业，它们的资金之所以能够快速周转，主要这得益于近几年火热的房地产市场和便捷的融资手段。

（3）高杠杆

高杠杆企业主要分布在金融行业中，其中以银行为代表。银行的财务杠杆长期维持在10～20倍之间。高杠杆虽然意味着高风险，但也为企业带来了高收益。

　　高 ROE 是优秀企业的最大特征，但对大多数企业来说，达到并维持高 ROE 是一件很困难的事。如果一家企业能保持 ROE 良好且稳定，那么这家企业的经营状况和财务状况就不会太差。

实操笔记

【写一写】ROE 是指什么比率？它的计算公式是什么？高 ROE 的三种模式分别是什么？请在下面写出来。

参考文献

[1] 文杨. 一本书读懂财务报表——财务报表分析从入门到精通 [M]. 北京：中国华侨出版社，2014.

[2] 平淮. 财务报表编制与分析 [M]. 北京：人民邮电出版社，2019.

[3] 肖星. 一本书读懂财报 [M]. 杭州：浙江大学出版社，2019.

[4] 谢士杰. 读懂财务报表看透企业经营 [M]. 北京：人民邮电出版社，2016.

[5] 林明樟. 用生活常识就能看懂财务报表 [M]. 广州：广东经济出版社，2017.